版权声明

Serious Fun: How Guided Play Extends Children's Learning.

Copyright © 2019 by the National Association for the Education of Young Children. All rights reserved.

保留所有权利。非经中国轻工业出版社"万千教育"书面授权,任何人不得以任何方式(包括但不限于电子、机械、手工或其他尚未被发明或应用的技术手段)复印、拍照、扫描、录音、朗读、存储、发表本书中任何部分或本书全部内容,以及其他附带的所有资料(包括但不限于光盘、音频、视频等)。中国轻工业出版社"万千教育"未授权任何机构提供源自本书内容的电子文件阅览、收听或下载服务。如有此类非法行为,查实必究。

SERIOUS FUN
How Guided Play Extends Children's Learning

幼儿园引导性游戏
——深化儿童的学习

[美] 玛丽·L. 马斯特森（Marie L. Masterson）
霍莉·博哈特（Holly Bohart） / 主编

邹海瑞 / 译

中国轻工业出版社

图书在版编目（CIP）数据

幼儿园引导性游戏：深化儿童的学习/（美）玛丽·L.马斯特森（Marie L. Masterson），（美）霍莉·博哈特（Holly Bohart）主编；邹海瑞译.—北京：中国轻工业出版社，2024.2
ISBN 978-7-5184-3884-6

Ⅰ.①幼… Ⅱ.①玛… ②霍… ③邹… Ⅲ.①游戏课－学前教育－教学参考资料 Ⅳ.①G613.7

中国版本图书馆CIP数据核字（2022）第038232号

责任编辑：张天怡　　责任终审：张乃柬
策划编辑：高　君　　责任校对：刘志颖　　责任监印：吴维斌

出版发行：中国轻工业出版社（北京鲁谷东街5号，邮编：100040）
印　　刷：三河市鑫金马印装有限公司
经　　销：各地新华书店
版　　次：2024年2月第1版第1次印刷
开　　本：880×1230　1/32　印张：4.625
字　　数：70千字
书　　号：ISBN 978-7-5184-3884-6　定价：38.00元
读者热线：010-65181109
发行电话：010-85119832　　010-85119912
网　　址：http://www.chlip.com.cn　http://www.wqedu.com
电子信箱：1012305542@qq.com
如发现图书残缺请拨打读者热线联系调换
220164Y1X101ZYW

译　者　序

　　幼儿园教育要"以游戏为基本活动"是我国学前教育改革的一个重要命题，也是我国幼儿园课程改革的重要指导思想。从《幼儿园教育指导纲要（试行）》《国务院关于当前发展学前教育的若干意见》《幼儿园工作规程》，到《中共中央　国务院关于学前教育深化改革规范发展的若干意见》，再到《幼儿园保育教育质量评估指南》，国家政策性文件始终强调"以游戏为基本活动"的幼儿园教育理念。

　　当前，我国幼儿园课程改革取得的最大突破是认识到了游戏对于幼儿学习与发展的重要价值，确立了游戏在幼儿园课程中的重要地位；但是，游戏与教学以及游戏与学习的关系在幼儿园教育实践层面始终令人困惑。引导性游戏为我们深入理解与把握"基于游戏的教"和"基于游戏的学"提供了一种全新的视角，同时为学前教育提供了一种恰当且中立的教学方法。它融合了自由游戏、发现学习和传统教学等基本元素。引导性游戏是介于自由游戏与直接教学之间的一种活动。它蕴含了教师的教学目标，教师在儿童探索与发现事物的过程中时刻关注学习目标，保持儿童对学习目标的专注，但活动仍以儿童为主导。

　　在引导性游戏中，教师虽然创设游戏环境并发起学习，但是不会在游戏中指挥儿童如何游戏，而是紧跟儿童的脚步，促使儿童投入探索与发现之旅并提供巧妙的引导与支持。儿童在引导性游戏中可能获得的核心经验，发生在教师帮助他们聚焦的关键事件之中。这类经验的获得对儿童来讲更有意义，因为它们源于儿童主动参与和发现的过程，并非成人的灌输。因此，儿童在引导性游戏中能够积极主动地达成有意义的学习目标。

本书聚焦于阐释引导性游戏的理论基础以及教学实践路径。首先，本书基于脑科学的研究成果揭示了引导性游戏对儿童各学习与发展领域的重要价值，以及教师如何通过观察、计划和引导深化儿童的学习与发展。其次，本书通过案例具体指出如何通过文化性角色扮演游戏支持儿童语言的发展，如何通过讲故事把艺术、读写和戏剧联系起来，如何通过游戏促进儿童对自然材料的探索，如何理解有趣且丰富的游戏就是认真的学习，等等。我相信，引导性游戏能为我国幼儿园践行"以游戏为基本活动"的教育理念带来新的思考与实践。

本书英文版原著配有许多生动有趣的照片，但由于涉及第三方版权，本书无法直接使用。为便于读者轻松阅读和理解本书内容，特邀山东省潍坊市奎文区直机关幼儿园提供了一些图片。在此，对授权我们使用这些图片的幼儿和教师表示诚挚的感谢！

本书由笔者翻译完成。为了保证翻译质量，特邀产婵婵、莫人凤、李欢、谭晓娟和李鑫雨等同学，以及数位教研员和幼儿园教师通读译稿，反复推敲与修订。由于译者水平有限，加之时间仓促，翻译不当之处敬请读者斧正。

邹海瑞

前　　言

在这本书中，你将了解到一系列教师可以用来促进学前儿童学习的游戏化教学方法。你如何看待儿童游戏和学习的契合呢？

在每一章的开头都有一些发人深省的问题和评述，让你能够批判性地反思作者的观点以及指导儿童游戏的方式。

什么样的经验最有利于儿童的学习？在过去的几十年里，我们了解了很多关于儿童如何学习和发展的知识。研究表明，游戏是儿童发现、建构和强化他们关于世界知识的关键方式（Langford, 2010; Tayler, 2015）。对3—6岁的儿童来说，游戏可能是他们随着自己最喜欢的歌曲翩翩起舞，或给全神贯注的观众（毛绒玩具）讲故事；可能是经营面包店，而里面的材料是教师根据自己对儿童兴趣的认真观察提供的；也可能是玩纸牌游戏，首先由教师解释游戏的规则，然后儿童逐渐用自己的规则改编游戏。有时，游戏完全是由儿童选择和主导的；有时，成人在游戏性的环境中鹰架儿童，支持儿童不断生成的能力和知识。虽然这些例子涵盖多种游戏类型——从非结构化游戏到引导性游戏再到规则游戏，但它们都是游戏，而且都涉及学习。

儿童在非结构化游戏和其他类型的游戏中的受益之处如下所示。

- 培养社交技能（Ramani, 2012; Ramani & Eason, 2015）
- 增强自我调节能力和执行功能（Becker et al., 2014; Cavanaugh et al., 2017; Christie & Roskos, 2009; McCrory, De Brito, & Viding, 2010; Ramani & Brownell, 2014; Savina, 2014）
- 增强语言技能（Cohen & Emmons, 2017; Ramani, 2012; Ramani & Eason, 2015; Stagnitti et al., 2016）
- 支持数学和科学学习（Bulotsky-Shearer et al., 2014; Cohen & Emmons, 2017; Trawick-Smith, Swaminathan, & Liu, 2016）

- 促进身体健康，如保持适宜的体重、增强身体的协调性、改善睡眠、减轻压力和焦虑（Levine & Ducharme，2013；Wenner，2009）

根据美国儿科学会（American Academy of Pediatrics，AAP）的说法，"游戏不是无用的，它能够建构大脑，对大脑的结构和功能产生直接和间接的影响"（Yogman et al.，2018，p. 5）。显然，游戏是促进儿童在学校和生活中获得幸福、发展和成功的强大力量。

通过游戏化经验引导儿童学习

游戏有时被认为是一个包括自由游戏、引导性游戏和规则游戏的连续体（Zosh et al.，2018）。儿童在参与非结构化的游戏以及其他类型的游戏时进行学习，包括那些由教师发起和引导的游戏。本书的观点主要集中在"游戏化学习——一种促进儿童的学业、社会性、情感和认知发展以培养'完整儿童'的教学方法"（Toub et al.，2018）。每一章都阐明了教师如何将儿童的兴趣与学习活动、学习目标以游戏的方式结合在一起。为了深化儿童的学习，教师在儿童自主选择和参与活动时，巧妙地支持他们，并在有趣、愉快的活动中引入具体的学习目标。

研究表明，当儿童有机会进行自由游戏和引导性游戏时，游戏将最有效地支持儿童的学习（Honomichi & Chen，2012；Weisberg et al., 2016)。引导性游戏在儿童积极参与富有吸引力的游戏时为他们提供了成人支持。正如韦斯伯格（Weisberg）和他的同事（2016）所言，引导性游戏包括以下两个组成部分。

- 儿童自主：儿童主导自己的游戏和探索
- 成人引导：教师创设环境，使用开放式评述和建议，在为儿童提供选择的同时，推动儿童向学习目标迈进

本书呈现了各种各样的方法，用以平衡儿童发起的活动和教师为增加儿童的现有知识、提高现有能力而有意提供的支持。关于这种平衡有很多种叫法。在本书中，你将看到"引导性游戏""游戏化学习"以及其他术语。虽然这些术语不是同义词，但是它们都描述了儿童主导的游戏与教师引导的有意结合。本书中的一些作者提供了一些方法，可以帮助教师通过支持儿童的游戏和发展儿童的想法来深化儿童的学习；另外一些作者提出创设包含更多教师引导成分的游戏化学习情境，如数学规则游戏。游戏化教学因教师为儿童设定的目标、情境以及儿童个人能力和兴趣的不同而不同。

将教师引导的、内容丰富的活动嵌入游戏中，这十分具有挑战性。在本书中，十几位作者——教师、教师教育工作者、研究人员和顾问——分享了他们的观点和研究，阐述了教育工作者如何提供游戏化活动，从而增加学前儿童的知识和提高他们的技能。

仔细评估你的教学实践，有意识地引导儿童的游戏，可以为

儿童带来深刻而丰富的学习。

引导性游戏的好处不限于儿童。课堂上，当教师的角色在领导者和促进者之间不断地转换，最大限度地发展儿童的能力和满足儿童的需求，并提供具有适当的挑战性和灵活性的环境与活动时，教师就可以自由地支持儿童的全面发展（请参见第二章）。

> 在这种情况下，儿童的学习似乎是自发的，但活动和师幼互动是教师有意设计的，其目的是将语言和学术概念整合起来，它们以每个儿童已有的知识储备为基础，反映了儿童个体的社会身份及其家庭的语言、文化和经验。

支持游戏化学习

本书中的这些作者提供的信息、指导建议和策略与某些专业组织已发表的报告或声明一致，如美国儿科学会关于游戏力量的报告、美国幼儿教育协会（National Association for the Education of Young Children，NAEYC）关于公平和多样性的立场声明以及《早期教育工作者的专业标准和能力》（Professional Standards and Competencies for Early Childhood Educators）。

美国儿科学会关于游戏力量的报告

本书内容基于有关生物学（如脑科学）和教育的研究撰写而

成，这些研究证实了游戏在儿童健康发展中的重要作用。美国儿科学会在其2018年的报告《游戏的力量：在促进年幼儿童发展方面的作用》（The Power of Play: A Pediatric Role in Enhancing Development in Young Children）中指出，主动游戏对儿童的健康至关重要，是儿童获得在复杂世界中成功生活所需技能的重要基础。游戏帮助儿童学会合作、解决问题、协商，发展领导能力和创造力，并确保儿童在语言和认知技能方面拥有强有力的开端。特别是在关爱儿童的成人的保护和支持下，游戏可以减轻儿童的焦虑和毒性压力。该报告提倡早期教育机构应确保课程的均衡开展，包括实施游戏化学习，以促进儿童的健康发展。

美国幼儿教育协会关于公平和多样性的立场声明

当教师为儿童提供快乐且有意义的学习活动时，他们必须积极、努力地贯彻公平和公正的原则，以反映反偏见教育的目标。教师应以每个儿童独特的个人和家庭优势、文化背景、语言、能力、经验为基础，不把自己的个人文化偏好和偏见强加于儿童，从而公平地支持每个儿童的发展和学习。

例如，美国幼儿教育协会关于公平和多样性的立场声明呼吁人们关注新兴起的对内隐偏见的研究，该研究表明，白人教师对有色人种儿童的游戏特别是非裔美国男孩的游戏与对其他儿童的游戏，持有不同的看法（Yates & Marcelo，2014）。

教师应了解自己在游戏化情境中为促进儿童学习所承担的责

任,并通过与儿童交谈、了解儿童及其家庭、提供与儿童的文化和发展水平相适应的活动,以及确保所有儿童获得最高水平的成就来努力实现教学目标。这些早期经验对于帮助儿童克服早期发展差距和获得长期的学业成功十分必要。

> 教师必须识别并克服各领域教学中的偏见和障碍,以确保所有儿童都能在认知、社会性和语言方面获得发展,为他们今后在学校和生活中取得成功做好准备。

儿童需要熟悉感、拥有感和参与感,从而感到安全和被支持。那些感到自己与所处环境、教师以及游戏活动有联系的儿童都会以学习为荣。这对于他们的学习积极性和胜任感至关重要。他们在尝试新事物和承担成长所需的风险时,会产生归属感和自信心。

美国幼儿教育协会的《早期教育工作者的专业标准和能力》

美国幼儿教育协会对早期教育工作者的专业标准和能力要求是,教师应该具备支持儿童所有领域发展的知识和能力,包括"身体、认知、社会性、情感、语言和审美领域:促进大脑发展的关键要素;学习动机、社会互动和游戏"(标准1,NAEYC)。有效的教师能够理解理论和研究,并根据他们关于"早期教育材料和环境要与儿童的发展水平相适宜,与儿童的文化、语言背景相关,且具有通用设计特点"(标准4和标准5)方面的知识通过游戏、自发的互动和探索及引导性探究活动来为每个儿童提供具有挑战性且可成功完成的活动。他们通过与同事合作继续进行学习，增长知识（标准6）。本书为教师提供了切实有效的支持，让他们在游戏中促进儿童的学习，并更深入地了解他们在促进儿童的游戏化学习活动中的作用。此外，已有研究和合理论述为教师提倡游戏在儿童的发展和学习中所发挥的重要作用提供了坚实的基础。

关于本书

第一部分探讨了如何通过游戏化活动扩展儿童的学习来促进他们的更高层次思考和计划能力发展，并阐述了证明引导性游戏具有可行性的新兴的脑科学研究。课堂示例和支持性研究表明，有意创设的游戏环境可以培养儿童的问题解决能力、创造力和毅力，并帮助儿童达到学习标准。你将深入地了解促进游戏和学习标准相契合的必要因素。

第二部分描述了丰富的活动，这些活动基于儿童对探索和理解世界的天然好奇，探讨了以下问题：什么是"游戏化数学活动"，为什么它比练习册和抽认卡更有效？在计划读写与数学活动时，如何思考并借鉴儿童的社会和文化背景？如何使用独特的材料来维持儿童的兴趣，并在一整年中促进他们的学习，提高他们的社交技能？如何将儿童置于学习的中心，不仅注重学习内容，而且注重学习品质？

当你邀请儿童参与游戏化学习活动时，你并不是"仅仅让他们玩"（McDonald, p. 23），而是基于你对儿童的学习方式、已有经验以及他们下一步想学什么和需要学什么的了解创设有目的的、回应性的学习环境。同时，你也期待着儿童在这一学习环境中自发且快乐地探索，并一路陪伴他们。

每章结尾的"试一试"部分所建议的策略，将有助于你将本书的观点应用于自己的教学实践。

> 结合本书所提出的观点，思考儿童在自己的学习中所扮演的积极能动者角色，以及教师在为儿童设定高学习目标并帮助他们实现这些目标的过程中所扮演的角色。

试 一 试

※ 使用本书最后"反思"部分中《游戏化的学习环境检查表》里的反思性问题思考和评估自己的班级环境。使用本书"献给家长"部分中的可复制资源向家长解释，儿童从游戏中学到了什么。

※ 当你阅读本书时，想一想自己是如何看待儿童的游戏和学习之间的契合的。德博拉·斯蒂派克（Deborah Stipek）指出："学习标准提供了有用的目标，但只有儿童才能告诉你，教学要从哪里开始。"（参见第五章）向儿童学习，同时与同事一起思考，并与他们一起实践本书中的策略。这样，你就可以把主动游戏和你设定的具有挑战性的学习目标结合起来。

目 录

第一部分 有意识地为儿童的学习创设游戏环境 ················ 1

  第一章　脑科学与引导性游戏 ················ 3

    为什么游戏 ················ 5
    从动物的大脑到儿童的行为 ················ 5
    什么是引导性游戏 ················ 7
    来自脑科学的初步证据 ················ 9
    展望未来 ················ 13

  第二章　观察、计划和引导 ················ 15

    教师的角色 ················ 17
    从理论到实践 ················ 20
    反思 ················ 24

第二部分 通过游戏提供丰富的知识内容 ················ 27

  第三章　运用文化性角色扮演游戏支持儿童的语言发展 ········ 29

    文化回应区 ················ 32
    促进儿童的游戏 ················ 37
    结论 ················ 38

第四章　通过讲故事把艺术、读写和戏剧结合 ……………… 41
　　　　"我的画也有一个故事" ………………………………… 46
　　　　把儿童的故事变成现实 …………………………………… 49
　　　　将艺术、读写和戏剧联系起来 …………………………… 51

第五章　游戏化数学教学与标准 …………………………………… 53
　　　　游戏与学业能力：这不是一场零和游戏 ………………… 56
　　　　教师发起与儿童发起的数学活动 ………………………… 57
　　　　让标准、问责制和现有课程发挥作用 …………………… 58
　　　　路线图的帮助 ……………………………………………… 60
　　　　结论 ………………………………………………………… 62

第六章　为儿童提供积极的数学区活动 …………………………… 65
　　　　支持非裔美国男孩 ………………………………………… 67
　　　　选择适宜的数学材料 ……………………………………… 72
　　　　布置学习环境，使儿童充分地学习 ……………………… 78
　　　　结论 ………………………………………………………… 79

第七章　用竹子做什么——学前儿童对自然材料的探索 ……… 81
　　　　激动！发现了竹子 ………………………………………… 82
　　　　创造与想象 ………………………………………………… 85
　　　　丰富游戏活动与促进思维发展 …………………………… 87
　　　　与家长分享游戏和学习 …………………………………… 89
　　　　激发新的可能性 …………………………………………… 92

第八章　有趣且丰富的游戏就是认真的学习 …………………… 97
　　　　　与教师合作 ………………………………………………… 99
　　　　　用语言扩展背景知识 …………………………………… 101
　　　　　基于发展适宜性的学业学习 …………………………… 105
　　　　　结论 ……………………………………………………… 110

反　　思 …………………………………………………………… 113
　　　　　下一步 …………………………………………………… 114
　　　　　结语 ……………………………………………………… 116

献给家长——游戏和学习携手并进 ……………………………… 119

参考文献 …………………………………………………………… 123

第一部分

有意识地为儿童的学习创设游戏环境

第一章
脑科学与引导性游戏

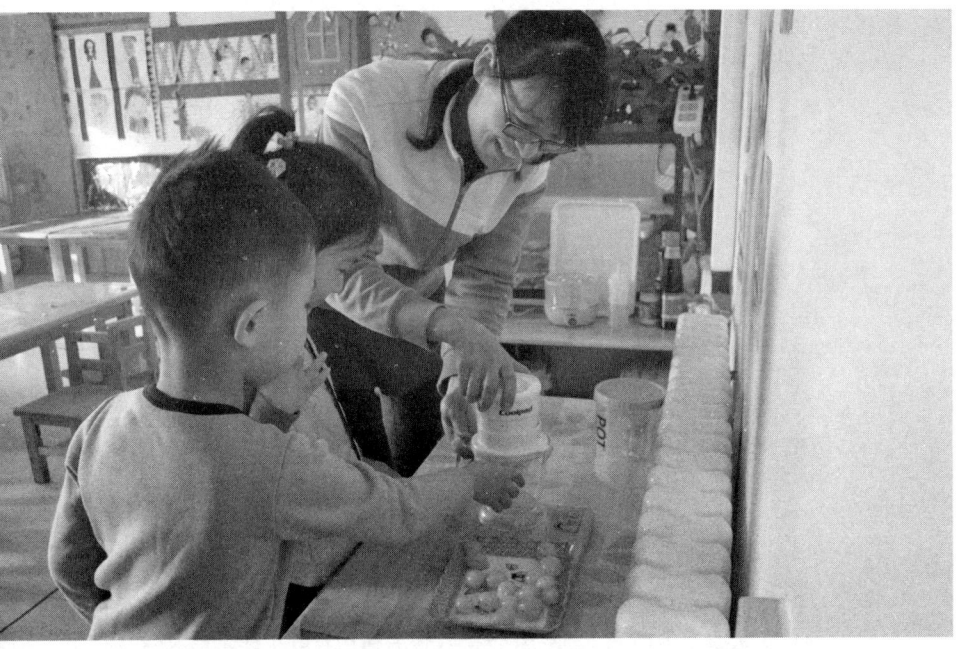

　　根据脑科学和行为研究的发现,本章的作者们认为,自由游戏和引导性游戏——合称为"游戏化学习"——是支持儿童发展的一种动态组合的工具,其支持儿童发展的方式既有趣,又能促进儿童学习丰富的概念。想一想"引导性游戏"的定义,并思考为什么它可以成为如此强大的学习工具。你对作者的观点有何看法?引导性游戏如何增强儿童的游戏乐趣,增进他们在试验材料和与他人的互动过程中的学习?它会干扰儿童的能动性吗?如果会,有什么方法可以更好地平衡自由游戏和引导性游戏呢?

埃琳娜老师的"开端计划"（Head Start）教室里都是活泼的三四岁儿童。现在是区域游戏时间，孩子们分成了几个小组。在其中一个活动区中，埃琳娜精心投放了一些游戏材料，包括一个畜棚、一个鸡舍和几个动物摆件，这些材料反映了本周故事书主题活动中她为儿童朗读的与农场生活相关书籍中的故事情节和词语。埃琳娜在旁观时发现，萨拉、贾冯和阿希什来到这个活动区并立刻拿起了玩具。他们每人选了一个动物摆件并开始游戏。萨拉对贾冯说："我来当奶牛！"贾冯说："好吧，那我就当鸡，我要去鸡舍里睡觉，奶牛应该去畜棚睡觉。"阿希什说："那么我当马，我也要去畜棚睡觉。"

三个儿童一起把他们的动物小摆件搬到鸡舍和畜棚，同时发出"哞哞""咯咯"和马儿嘶鸣的声音。由于"鸡舍"是本周的重点词语之一，因此埃琳娜加入儿童的游戏，确保萨拉、阿希什能像贾冯一样理解这个词语。"贾冯，睡在鸡舍里听起来是个好主意！鸡舍是鸡的房子。你们还记得我们去枫树农场实地考察时看到的鸡舍吗？贾冯、萨拉、阿希什，如果农场没有鸡舍，你们认为鸡会住在哪里？"阿希什说："我想它们会住在畜棚里！"萨拉说："是的，它们会住在畜棚里，因为里面又好又暖和。"埃琳娜说："如果我们没有鸡舍，那么畜棚听起来真是个养鸡的好地方！"

之后，埃琳娜退出了孩子们的游戏，孩子们开始了新的游戏方向。她继续倾听，从而发现以儿童的兴趣为基础的教学方法，同时，在不打断儿童游戏的情况下巩固他们对于本周重点词语的学习。

为什么游戏

猴子会游戏，狗会游戏，老鼠会游戏，甚至连章鱼都会游戏。在没有任何指示的情况下，世界上的儿童无论来自什么样的种族，也无论性别、文化背景或所处年代如何，都会创造和改造游戏。游戏这种无处不在的东西一定对动物和人类的进化具有促进作用，数十年的相关研究也证明了这一点。尤其是自由游戏和引导性游戏——合称为游戏化学习——作为教学工具，可以让儿童采用有趣的方式学习丰富的概念，正如本章开篇案例中所展示的那样。有关动物的脑科学研究为我们提供了一些线索，或许可以揭示游戏的人类生物学基础。但是，我们还要进行更多的研究来探索为什么游戏可以促进儿童的学习与发展。

从动物的大脑到儿童的行为

关于游戏的最引人注目的发现也许来源于对动物的研究，游戏——确切地说是打闹游戏——被证实能够促进动物大脑的早期发育。例如，爱玩的老鼠在"社交场合"中比不爱玩的老鼠表现得更加得当（Burgdorf, Panksepp, & Moskal, 2011）。这些发现为我们理解游戏如何帮助儿童发展社交能力和完善大脑结构提供了一个潜在的模型。

越来越多的行为研究将儿童的游戏与多个领域的发展建

立了联系，这些领域包括语言（Toub et al., 2018）、执行功能（Tominey & McClelland, 2011）、数学和空间能力（Fisher et al., 2013）、科学思维（Schulz & Bonawitz, 2007）、社会性和情感发展（Dore, Smith, & Lillard, 2015）。游戏之所以能成为如此有价值的教学工具，原因之一是它能在真实的情境中促进儿童的学习。一个名为"学习科学"（science of learning）的研究领域指出了成功学习的四个关键因素，即当儿童积极思考（而非被动思考）、专注（而非分心）、有社交互动（与同伴或成人）且与他们的生活建立有意义的联系时，学习效果最佳（Hirsh-Pasek et al., 2015）。这些因素在游戏情境中显而易见，比如在埃琳娜的教室中。

> 当贾冯想起自己在故事书中知道鸡睡觉的地方叫"鸡舍"，并恰当地使用了这个词语时，他的思维是积极活跃的。萨拉在游戏中选择当奶牛，并与贾冯和阿希什配合游戏，而不是被其他游戏小组分散注意力，她在游戏中是专注的。埃琳娜老师把儿童参观枫树农场的经历与儿童当前的游戏联系起来，让"鸡舍"这个词语对儿童来说更有意义。游戏中，孩子们进行了社交互动，他们共同创建了一个游戏场景，埃琳娜老师作为鹰架者也参与其中。

儿童与成人之间的这些游戏性互动可能是支持儿童的社会性和情感健康发展的必要条件。引导性游戏尤其具有这种社会互动的特点，并能为儿童的学习和发展带来极佳的效果。

什么是引导性游戏

大多数研究人员认为，游戏是有趣的、灵活的、儿童自愿的和具有内在动机的；它涉及儿童的积极参与，并经常包含虚构的内容（Fisher et al., 2010; Lillard et al., 2013; Pellegrini, 2009; Sutton-Smith, 2001）。引导性游戏虽然坚持自由游戏中的儿童主导，但是成人的支持增加了对学习目标的更多关注（Weisberg et al., 2016）。它为促进儿童达成学习目标而特地创设了环境并在这种环境中为儿童提供了自主探索的机会。因此，它具有两个关键要素，即儿童的能动性（儿童自主学习）和确保儿童朝着学习目标前进的成人的温和指导。研究表明，对不同领域的教育者来说，引导性游戏是一种成功的教学工具（Weisberg et al., 2016）。本章描述了一些幼儿教师在教室里使用引导性游戏来发展儿童的特定语言、数学和空间能力的例子。

语言发展

引导性游戏为儿童提供了一种典型的语言学习情境。例如，在引导性游戏中，教师可以通过给予词汇上的指导来促进所有学前儿童的词汇学习（Han et al., 2010; Toub et al., 2018）。一项研究测试了引导性游戏和教师主导的活动对于儿童学习词汇的有效性（Toub et al., 2018）。在该研究中，所有儿童都参与了图书共读活动，之后他们先是通过引导性游戏复习了其中一半词语，再通过看图片回忆单词的活动复习了另外一半词语。在这项研究中，引导性游戏类似于本章开篇案例中发生的学习。测试结果表明，比起看图片学习词语的活动，儿童在基于游戏的词语学习活动中更容易明确目标词语的意思。

数学和空间能力

引导性游戏对于培养儿童的空间能力也很有效，空间能力本身很重要，而且与儿童之后的数学学习有关（Verdine et al., 2017）。例如，一项针对学前儿童的研究（Fisher et al., 2013）比较了儿童通过引导性游戏、自由游戏和直接教学学习几何图形的能力。在引导性游戏中，成人跟随儿童的指引，并鹰架彼此之间的互动。与参与直接教学（成人以愉快的方式传授内容，而儿童被动倾听）和参与自由游戏（儿童能随心所欲地摆弄图形）的儿童相比，参与引导性游戏的儿童能学到更多关于几何图形的知识。

类似的效果在课堂上会如何产生呢？接下来，让我们看一看埃琳娜老师所在教室的另一个活动区里发生的故事。

> 巴勃罗、凯莎和纳里来到一张摆满了不同形状的磁力片的桌子前。他们拿起了几片磁力片，并开始把它们组合在一起。纳里说："我要建一座塔，但是这些磁力片不能匹配到一起。"埃琳娜老师正在观察儿童，她选择此时加入进来并问道："纳里，你有什么形状？"巴勃罗说："纳里有个正方形。""没错，

巴勃罗，纳里有一个正方形。纳里，你能找到另一个正方形吗？"纳里举起一个正方形。埃琳娜老师问："是什么让它成为正方形的？"她停顿了一会儿，让儿童思考，然后继续说："它有四条同样长的边。"接下来，她说："我想知道，你们是否可以用手中的磁力片做出一个更大的正方形。"凯莎说："嗯……我想试试看！"孩子们互相看了看对方，然后把磁力片放下，最终通过把四个正方形拼在一起创造了一个更大的正方形。埃琳娜老师注意到了他们的成果，说："哇！你们做出了一个更大的正方形！它依然有四条边，而且每条边都同样长。纳里，或许你可以用这个正方形作为你想搭建的塔的一部分。"

埃琳娜老师把正方形的定义融入了儿童的游戏，她还鼓励儿童努力探索不同形状的磁力片。引导性游戏可以让教师利用儿童的兴趣和积极参与的热情来提高儿童的重要技能。

> 引导性游戏可以让教师利用儿童的兴趣和积极参与的热情来提高儿童的重要技能。

来自脑科学的初步证据

引导性游戏代表了一种促进儿童发现学习的方法，它通过即时的、有意义的成人回应来增长儿童的知识（Alfieri et al., 2011）。

它也是一个有助于儿童积极投入其中、进行有意义学习和开展社会互动的理想情境（Hirsh-Pasek et al.，2015）。例如，儿童正在玩一个在一定条件下会发光的形状分类器，他们讨论如何插入形状才能让分类器亮起来。他们不断地插入形状，注意到分类器有时亮了，有时不亮，但他们不知道为什么。这时，教师加入进来，通过询问儿童已经尝试了什么以及他们下一步可能尝试什么并提出一些指导性建议，帮助儿童。儿童采纳了教师的建议继续进行实验，他们提出假设并得出因果关系，从而成为小小的"科学家"。游戏帮助儿童通过这种非正式的实验发现了因果关系（Gopnik，2012；Schulz & Bonawitz，2007）。必要时，成人的温和支持可以防止儿童陷入挫折之中，并促使儿童进行更长时间的有趣实验。

儿童自主的学习活动与成人引导的学习活动

发展适宜性实践要求教师必须在有目的的引导与支持儿童的自主选择、自我主导之间达成平衡。以下内容描述了在哪些情况下，教师应该选择支持儿童自发、自主的学习活动；在哪些情况下，教师应该提供更直接的引导。

当儿童表现出以下行为和态度时，有准备的教师应支持儿童自我主导的学习活动：

- 积极地探索材料、活动和想法，并独立地建立联系；
- 进行人际交往并相互学习；
- 思考和探究他们自己对于材料、事件和观点的疑问；
- 积极主动地独立解决问题；

> 专注于自己的活动，以至于成人的干预将会是一种干扰；
> 挑战自己和与同伴相互挑战，以掌握新的技能；
> 以新的方式运用和扩展现有的知识和技能。

儿童的这些行为和态度向教师表明，儿童自主的活动将特别富有成效，但这并不排除教师使用其他教学策略和计划的活动。甚至在教师一发现儿童的这些行为和态度时，他们就能够战略性地利用成人引导的活动来优化儿童的学习。

有准备的教师采用成人引导的学习活动，以便：

> 向儿童介绍新的材料或活动；
> 帮助儿童学习既有的知识体系（如字母名称和数字运算）；
> 把儿童的注意力吸引到他们可能感兴趣的事情上；
> 鼓励儿童思考事情的起因和经过，或者思考"如果……可能会发生什么"；
> 让儿童学习教师认为有助于他们未来学习的技能或概念；
> 在发现儿童表现出停滞、灰心或沮丧时提供支持和建议；
> 在发现儿童似乎准备好进行下一阶段的学习，但可能需要成人帮助才能独立进行时鹰架儿童的活动；
> 向长期重复地使用某些材料或者做出某些动作的儿童介绍新材料或想法。

尽管这些情况表明儿童将受益于成人引导的学习活动，但有准备的教师需要牢记，儿童自主的学习活动是整个学习过程的重要组成部分。

改编自：A.S. Epstein, *The Intentional Teacher: Choosing the Best Strategies for Young Children's Learning*, rev.ed. (Washington, DC: NAEYC, 2014), 238-39.

成人鹰架的游戏活动可能特别重要，因为它们帮助儿童发展科学家所说的主动控制机制，即大脑前额叶皮层的神经机制，该机制利用来自环境的线索帮助大脑预测接下来可能会发生的事情（Weisberg et al., 2014）。引导性游戏可能会通过"mise en place"——烹饪界的词语，意思是"一切就绪"——支持儿童的主动控制机制的发展。美国心理学教授杰罗姆·布鲁纳（Jerome Bruner, 2013）提出：

想象一下，你准备做一个比萨，你准备了面团、调味汁、奶酪和其他配料。你也会拿出所需的工具，如擀面杖、比萨板和比萨刀。这样，你就为即将开始的任务做好了准备。

同样，心理上的就绪——为预测事件和探索活动所做的准备（Weisberg et al., 2014）——帮助儿童做好思想准备，以积极的方式接受学习活动。埃琳娜通过以农场为主题的游戏活动来培养儿童的这种准备能力。通过为儿童创设学习重点词语的游戏环境，埃琳娜引导他们以游戏的方式朝着这个目标努力。这种在教师的温和支持下进行的游戏化学习促使儿童渴望寻找类似的、有意义的学习机会（Weisberg et al., 2014）。

想象一下，在埃琳娜的教室里，她在某一周利用儿童最近表现出的兴趣创设了一个活动区，里面有一套城堡游戏的玩具，反映了儿童在那一周的故事书主题"骑士与龙"中读到的一本书。

这些提前准备好的玩具鼓励儿童在游戏中自然地使用与主题有关的词语，如"爪子"和"鼻孔"。埃琳娜可以引导儿童注意这些词语，并帮助他们与这些词语建立有意义的联系。引导性游戏过程中的这种成人支持，可能是儿童初步形成的主动控制机制出现的机制（Weisberg et al., 2014）。

展 望 未 来

归根结底，游戏在所有物种中是普遍存在的，它可能在人类发展的许多方面发挥着重要作用。行为研究仍在进行（Lillard et al., 2013; Weisberg et al., 2013），越来越多的证据表明，引导性游戏不但能够支持儿童的发展，而且会帮助儿童为应对学习时刻做好神经机制方面的准备（Weisberg et al., 2014）。它还帮助儿童理解世界是如何运作的（Gopnik, 2012）。为了加深我们的理解，关于儿童游戏的生物学基础的研究是我们迫切需要的，它将为我们呼吁在所有幼儿园教室里增加游戏机会和促进游戏化的家庭环境的创设提供重要的基础。

当我们等待脑科学的新发现时，有一个发现已经很清楚了，即游戏是儿童进行积极的、专注的、有意义的、社交性互动学习的绝佳情境。正如本章的其中两位作者在他们的《成为杰出者：科学告诉我们如何培养成功的儿童》（*Becoming Brilliant: What Science Tells Us About Raising Successful Children*）一书中所描述的那样，游戏也能让儿童成为合群的、乐于助人的、有思考能力和创造性的公民（Golinkoff & Hirsh-Pasek，2016）。事实上，许多研究人员和教师现在一致认为："由儿童驱动的教育方法，有时被称为'游戏化学习'，是目前已知的有助于儿童发展的最积极的方法。"（Lillard et al.，2013，p. 28）

试 一 试

※ 想一想，如何介绍与儿童的游戏情境相关的新词语。例如，当儿童假装把鸡搬到畜棚时，向他们解释说鸡的房子叫作"鸡舍"，并引导他们讨论鸡舍和畜棚的相似点和不同点。

※ 为儿童的话添加详细的信息。例如，当儿童说"这是一个畜棚"时，你可以回答："是的，畜棚是动物生活的地方，农民在阁楼上储藏粮食。"当儿童一起看着一个喂鸟器时，你可能会说："那只红鸟是一只主红雀，它会把嘴伸进种子里。"

※ 当儿童玩角色扮演游戏时，注意他们如何使用道具和他们所说的话。儿童的哪些技能正在涌现？你可以添加哪些道具来帮助他们尝试使用新的技能或完善他们的游戏策略呢？

※ 提供开放式的道具（例如盒子、海绵、手套、箱子、管子）和使游戏变得复杂的物品（例如菜单、商店的游戏币）。当儿童开始建构和游戏时，问他们需要什么道具来建造城堡、船、商店或房子。他们的想法会让你大吃一惊。

第二章
观察、计划和引导

　　本章作者描述了教师在游戏化学习环境中扮演"敏感的参与者和温和的引导者"角色，以激发儿童对概念的好奇心和求知欲。然而，她也公开表达了她一直以来的担忧，即确保儿童通过游戏学到技能和知识。你可能会有同样的感觉。当你阅读本章的时候，思考自己的想法，你也许会对以儿童为中心的教学方法持保留态度。作者分享的信息是否重申了你对发展适宜性实践的信念和承诺？在你所在的教育机构中，关于如何平衡儿童主导的学习和教师引导的学习，你学到了什么？

> 今早，克丽丝——我们班22个幼儿中的一个——和我分享了她的日记和绘画作品。我们聊了一会儿之后，她走到地毯上玩，并观察一组孩子。这组孩子发现，今早我们在数学课上使用的放大镜可以用来放大教室里的所有词语。之后，克丽丝加入了一个小组，这个小组的幼儿正在用积木搭建房子并小心翼翼地保持着不同形状的积木之间的平衡。大约30分钟之后，我告诉孩子们，晨间谈话的时间到了。他们的反应是："啊？我们不能继续玩了吗？"

作为幼儿教师，我致力于创设有吸引力的环境，游戏是儿童在这里学习的主要手段。但实际上，我发现这是一项充满挑战的任务。在我职业生涯的早期阶段，我经常采用说教式的教学方法，这一教学方法充斥着练习册和机械训练，因为它是当时人们所期望的。虽然我知道有时候直接教学是有价值的，但我同样明白基于游戏的学习对儿童来说是必不可少的。游戏包含了儿童的知识建构、问题解决以及沟通与合作。然而，在整个职业生涯中，我时常感觉这个领域正在轻轻地推动我关注"技能和训练"。尽管做了23年的教师，但我仍然感到十分为难，一方面要让儿童在特定的时候达到特定的标准，另一方面要确保以儿童为中心，为儿童提供更多的探索机会。

如今，强调标准、高利害评价的教育模式给教师和儿童都带来了巨大的压力，也导致"教学实践中潜伏着很多问题"（NAEYC，2009，p. 4）。我们只要想一想必须在年底完成的一长串具体目标——通常没有额外的学习时间或学习资源——就很容易理解，教师们为什么会怀疑将有限的课堂时间用于实施以儿童为中心的教学这一做法。儿童主导的游戏化学习往往比教师主导的学习效率低，但如果我们重视儿童的健康发展，我们就必须在课堂上找到两者之间的平衡点。

教师的角色

> 安娜和莉齐正在"杂货店"购物，这是儿童在一节以社区为主题的教学活动结束后发起的一个游戏活动。他们对物品进行分类，制作有关物品正在打折的广告标志，并设立了一个带袋子和游戏币的结账区。我想，这是一个给儿童介绍钱的机会。我走到收银员卡莉身边，问道："葡萄多少钱？"她回答："5角。"我拿出一把硬币，说："你能帮帮我吗？5角需要什么样的硬币？"安娜说："找上面写着5角的硬币。""你在哪里看到的？"莉齐问道。我回答说："它真的很小，我们拿放大镜看看吧。"之后，我们以放大镜为工具，对硬币的名称和特征进行了讨论。讨论过后，我们把硬币和放大镜放在探索区，儿童在那里很快就学会了使用放大镜放大其他物品，如放大图文材料。

当儿童游戏时，教师是研究者，观察儿童的活动，并决定如何在当下的游戏情境中或通过规划新的游戏环境拓展他们的学习。

教师必须弄清楚，如何悄悄地进行干预，支持每个儿童的优势和需求，帮助儿童将游戏情境与日常概念和学习内容联系起来，从而引导他们在认知、社会性和情感方面进一步发展［Fleer, 2009; NAEYC & NCTM,（2002）2010］。教师基于对儿童游戏的观察、思考和判断，通过巧妙地丰富游戏和提出挑战儿童思维的问题，为儿童创造有意义的学习机会来深化他们的认识（Blake, 2009）。教师应该将儿童主导的游戏和引导性游戏结合起来并纳入一日生活中，通过提问或者提出建议的方式拓展儿童的游戏经验。当游戏环境被有意创设时，儿童在其中进行的学习与在由教师主导的课堂上一样，都是经过深思熟虑且合乎逻辑的，但是这些活动的提供方式适合每个儿童的发展水平（Leong & Bodrova, 2012）。

> 当儿童游戏时，教师是研究者，观察儿童的活动，并决定如何在当下的游戏情境中或通过规划新的游戏环境拓展他们的学习。

在我的教室里，儿童每天都进行游戏，但我不会"只是让儿童自己玩游戏"，我会在旁边观察、计划和引导。

> 我好奇地看着戴维和马科，他们拿着一堆玩具卡片，试探性地看着对方，然后转向我，说道："我们不知道怎么玩。"我向他们展示了一个纸牌游戏，他们在这个游戏中需要学习合作，并进一步发展他们的数感。我向他们解释，这个游戏需要一个

"叫牌人",他负责分发卡片和指导其他玩家什么时候翻牌,持有最高数值的玩家将是那轮游戏的胜利者。

安娜走过来看着我们。我问她:"你想一起玩吗?"她微笑着加入了我们的游戏。又玩了一轮后,我便退出了游戏。玩家们都同意通过投票决定谁来接替我在游戏中的"叫牌人"角色,安娜被选中了,但是没过多久,我就看到马科把纸牌丢到了地上,他因为安娜告诉他要怎么做而感到很沮丧。我提醒他们尊重自己的投票结果,之后他们又继续进行游戏。

之后,当另一个儿童加入这个游戏时,同样的问题又出现了,但是他们不再需要我的帮助。马科向其他人解释道:"需要一个人来当'叫牌人',负责组织其他玩家进行游戏。"

这一案例反映了我作为一名教师需要充当的多种角色(Synodi, 2010)。一开始,作为观察者,我(基于之前的观察)预料到这两个男孩需要一些帮助来开启游戏;作为教学领导者,我选择了一个可以发展儿童的学习能力和社交能力的游戏;作为游戏的参与者,我示范了一个新的游戏并邀请其他儿童加入这个游戏;在儿童发生第一次争执时,我变成了调解者,强调他们要遵守共同约定的游戏规则。

在基于游戏的学习中,教师通常是敏感的参与者与温和的引导者,他们致力于丰富或拓展儿童当前的经验。通过纸牌游戏,我可以向儿童强化一个很重要的数学概念(比较数值),并支持儿童不断地增强与他人合作的能力以及调节自己情绪的能力。

在这一案例中，为儿童的游戏留出时间为我提供了教育契机，例如，当戴维和马科向我寻求帮助时（这样的情况并不常见），这就是一个很好的教育契机。作为一名每天都致力于为儿童提供大量游戏时间的教师，我不断地问自己："我如何才能将观察到的儿童游戏行为和需要达到的教学标准联系起来？"明确教学标准是实现这一目标的前提，就像杂货店游戏那样。幼儿园《共同核心数学标准》（Common Core Mathematics Standards）指出，学前儿童要能够写出数字0—20（K.CC.A.3），也要能将计数和基数联系起来（K.CC.B.4）。在了解了这一标准后，我通过杂货店游戏鼓励儿童来达到这一特定的标准。例如，写价格标签、数水果的数量、用数量和数字描述商品交换的过程，这些都是非常有意义的数学学习方式。

从理论到实践

有些人认为，游戏并不是儿童达到教学标准的适宜方式。我发现，儿童可以通过将开放性游戏、自主游戏和教师引导的游戏结合起来进行游戏化学习，从而达到和超越教学标准。然而，尽管游戏听起来很简单，但我承认，在完成既定的课程目标和坚持创设以儿童为中心的环境之间保持平衡，远比人们想象的困难得多（Ranz-Smith，2007）。根据我的经验，目前要将游戏和教学标准结合起来需要考虑三个主要因素，即精心计划活动、明确儿童的发展需求、评估儿童的发展。

精心计划活动

为了满足特定的教学标准，我有时通过集体活动的形式向儿童介绍概念，然后在自由游戏期间主动为儿童创设能够进一步支持他们探索的环境。我有意识地确定所有活动（包括游戏）的目的和意图，问自己："这些材料和活动是否能达成满足儿童需求和深化儿童认识的目的？"正是那些由儿童决定的活动意义，为儿童通过好奇心和探索来学习制造了"跳板"。

例如，当我在一节课上向儿童介绍"沉没"和"漂浮"的概念时，我努力将游戏作为主要的教学手段。那时我们正在学习海洋生物的相关知识，这样的活动引发了一场由儿童主导的讨论，讨论的主题是"船只及其能在水面上漂浮的原因"。我鼓励儿童用锡箔纸做船，看看到底要多少硬币才能让船沉下去。我向儿童介绍，决定物体"沉浮"的关键是物体的密度和形状，而不是大小。在给整个班级的儿童做了示范之后，我鼓励儿童独立进行探索。他们急切地造船，很快地把硬币堆起来，并根据船的情况及时调整自己的设计。虽然这个活动一开始是以集体形式开展的，但它激发了儿童独立探索问题的兴趣，鼓励儿童主动提出和验证自己的假设。

我确信，儿童喜欢这个活动，也能从中学到很多东西，但这是一个游戏的例子吗？如果游戏必须是开放的、儿童自主选择的且自愿的，那么在我示范之后进行的活动才能被称为游戏。然而，我的示范确实激发了儿童的好奇心,并为他们提供了一些基本概念来开启他们的探究;拥有了时间、空间和材料之后,他们在已有经验的基础上进一步探索,参加科学和工程活动(例如观察、收集信息和开发工具),并通过游戏化活动来验证想法。因此,儿童能够获得有关开发和设计潜在解决方案的新知识,这也能够让我为儿童未来的学习制订更有针对性的计划。

明确儿童的发展需求

幼儿园教育中最伟大也最具挑战性的事情是,承认儿童个体的发展有其自身的时间要求。为了尊重儿童个体的发展,教师会尽最大的努力开展适合每个儿童的活动。游戏富有价值,因为它比许多教师主导的课程更顾及儿童的多样性。由于儿童目前的能力和发展需求在认知、社交和情感上均有所不同,因此灵活的教学和学习方法——包括自由游戏和引导性游戏——是必不可少的。在下面的案例中,我学以致用地改变了我的活动安排表,这样儿童就可以继续尝试和完善自己独立解决问题的新策略。

> 游戏富有价值,因为它比许多教师主导的课程更顾及儿童的多样性。

四个儿童走到桌子上的拼图前,他们试图通过随机拼凑的方式把拼图拼起来。看到他们没有办法解决这个难题,我开始组织他们讨论如何利用线条的形状连接各个部分，以及如何找到关键图片以确定整体画面。10分钟后，定时器响了起来，收拾整理的时间到了。他们告诉我："我们还没有完成拼图呢！"当我意识到儿童在拼图游戏（这个活动是儿童自己选择的）中的高质量学习时，我告诉他们，稍后他们会有更多的时间完成这个拼图。午餐时，我对活动安排表进行了调整，为儿童有意选择的活动提供了更多的时间和灵活性。

我知道，适宜儿童发展的环境并不意味着让儿童完全控制课堂，所以我设计了一些积极的、吸引人的活动。例如，我把数学游戏（包括棋盘游戏和纸牌游戏）纳入晨间谈话，并调整了课间休息时间，从而让儿童有更多的时间进行户外探索活动（包括科学探究）。以前只有在特殊场合才会让儿童使用的材料（例如颜料、胶带和乐器），现在每天都供儿童在户外游戏时使用。有时，我对儿童的观察使我对日常活动安排有了更个性化的调整，比如：给那些不喜欢参加集体活动的儿童留出时间去阅读或游戏；对于不知如何选择的儿童，我可能会根据他们的兴趣提供专门的玩具和材料。

评估儿童的发展

总的来说，我的教学方式是以我对儿童发展的认知和对有效教学实践的了解为基础的。然而，儿童学习的方向和具体活动是由我对儿童的兴趣、能力和努力所进行的持续观察确定的。对我来说，评估包括寻找儿童学习的证据，以及诚实地反思自己的教育实践。我经常问自己："我当前是否有一个有效的教学计划？如果是，我希望儿童成长为什么样子呢？"

在幼儿园，教师会使用各种各样的评估工具，如档案袋、追踪记录、逸事记录和叙事，以及衡量儿童的技能和概念获取与应用情况的正式评估。当我转向以游戏为基础的学习，并为儿童主导的活动提供更多游戏时间时，我仔细地观察儿童的兴趣、努力和成长。随着时间的推移，我发现，将观察游戏和具体技能评估结合可以提供完备的信息。通过对这两个方面的分析，我能够确定儿童学习的方向，并开展适当的、灵活的且富有挑战性的活动，包括提供更多的自由游戏和引导性游戏。

反　　思

在我的经历中，在引导和扩展儿童的兴趣和好奇心的同时，试图使标准更有意义，有时就像是在黑暗中行走。抛开固定的活动安排表，信任由儿童自己主导的活动，这一做法让我每天都在想：今天，儿童在我的课堂上获得了什么？我是否错过了促进儿童学习的机会？我是否强化了目的性、发展适宜性

> 游戏帮助儿童积累了知识、能力和经验，让他们能够在将来自己解决问题。

活动与评估之间的联系?根据我的观察,他们在游戏中学到了什么?我得到的答案几乎总是比我严重依赖活动安排表时要多得多,同时我发现这些问题对我不断增强的目的性至关重要,对儿童的学习也是如此。

虽然儿童可能无法完全理解他们在游戏中所探索的广泛内容,但是游戏帮助儿童积累了知识、能力和经验,让他们能够在将来自己解决问题(NAEYC & NCTM, 2010)。教师有关儿童发展以及儿童个体的能力、需求和文化背景的专业知识直接影响着教学与基于游戏的学习环境的创设(NAEYC, 2009)。当教师将标准和游戏结合时,他们就可以自由地支持儿童的全面发展。

试 一 试

当你为儿童准备探索材料和观察儿童的反应时,请回答以下问题。

※ 每种材料的具体用途是什么?
※ 你看到,儿童在干什么?他们在谈论、比较和尝试什么?这能告诉你,他们在想什么?
※ 你认为,可以抓住哪些机会增加难度、引入词汇或激发更高层次的思维?
※ 思考如何加强材料投放和活动目的之间的关系、儿童已有知识和能力之间的关系、积极参与与适宜儿童年龄的评估工具之间的关系。
※ 注意儿童对你温和的提示和引导做出的回应。当提供建议和进行引导时,你如何看待他们在操作材料和与合作伙伴的关系方面的变化?

第二部分

通过游戏提供丰富的知识内容

第三章

运用文化性角色扮演游戏
支持儿童的语言发展

　　游戏化学习可以发生在任何地方，但也许没有哪里比角色扮演区更能为儿童提供丰富的机会，从而让他们把学习与日常生活联系起来并增进他们的已有认知。同时，它也为语言发展——特别是双语学习者的语言发展——提供了更多的可能性。本章可以帮助你为早期教育机构的儿童提供哪些丰富的语言活动和相关内容呢？利用你的已有经验并结合儿童的文化和经验，为他们提供与文化相关的角色扮演游戏活动。你将会发现，儿童的语言、社交、主动性、解决问题的能力是如何发展的。

对儿童来说,游戏是他们了解环境、文化和其他人的主要工具。游戏有助于他们的社会性、情感和认知发展,包括他们的语言能力、读写能力和大脑发育(Christie & Roskos, 2009; Copple & Bredekamp, 2009; Singer, Golinkoff, & Hirsh-Pasek, 2006)。

传统上,角色扮演区是教室中的一个活动区,通常被设置为"娃娃家",配有适合儿童尺寸的炉灶、冰箱、橱柜、桌子和椅子。这是一个让儿童从自己的资源和经验中汲取力量来提高游戏水平的地方。由于儿童使用游戏表征和语言来共同创造角色扮演游戏情节,因此这些活动通常被称为"社会性角色扮演游戏"(sociodramatic play)(Selmi, Gallagher, & Mora-Flores, 2015)。

> 儿童的社会性角色扮演游戏因儿童独特的文化背景、能力、经验和语言而丰富多彩。

儿童的社会性角色扮演游戏因儿童独特的文化背景、能力、经验和语言而丰富多彩。与文化相关的游戏通常发生在社会性角色扮演游戏中,为母语或第二语言掌握能力不同的儿童之间的互动提供了自然的情境(Arreguín-Anderson, Salinas-González, & Alanís, 2018)。在这些情境中,儿童重新演绎在日常生活中的活动和发现,分享他们各自不同的文化,从而获得有意义的学习——尤其是语言和词汇方面。利用儿童的已有经验以及通过家庭和文化活动积累的知识和能力,教师可以创设以儿童文化经验为基础的角色扮演游戏区(González, Moll, & Amanti,

2005）。这促使教师将儿童视为课堂规划和学习的重要贡献者。

在本章中，我们引用了美国得克萨斯州南部"开端计划"项目中的西班牙语–英语教室里的一项研究。我们描述了拉莫斯老师促进儿童对话的方式，从而促使儿童为教室里的角色扮演游戏区设置主题并获得丰富的语言活动。通常，这些对话发生在晨间谈话时间，在这一时间，她会鼓励儿童分享自己的日常经历。在一次谈话中，她让班上17名会说两种语言的儿童和同伴谈谈他们周末做了什么，然后轮流与全班儿童分享他们的经历。

"la paletería"（出售水果冰棒和冰激凌的小吃摊）是近期角色扮演游戏区的主题，小吃摊的招牌已经被取下并放在了一边。孩子们想知道，接下来什么样的主题可以取代它。

拉莫斯老师邀请孩子们谈一谈他们的周末活动，罗德里戈说他和祖母去了一家"panadería"（面包店）。有两个儿童问："那是什么？"朱厄妮塔解释道，那是卖面包和蛋糕的店。拉莫斯老师说，她小时候和妈妈经常去面包店，孩子们听后笑了起来。

他们在交流中谈到"pan dulce"（甜面包），一些儿童说他们在当地的杂货店或街角的商店买过这种面包。其他儿童说，他们的家人是在家附近的面包店购买的。拉莫斯老师提议将这作为角色扮演游戏区的新主题。孩子们开始热情地为他们的面包店将要出售的食品命名，拉莫斯老师记录了他们提出的多个建议。

文化回应区

像拉莫斯老师一样，有效的教师可以抓住契机捕捉和解读儿童的兴趣与想法，从而在他们的角色扮演区再现类似"当地的面包店"等为儿童所熟悉的主题。善于观察的教师创造的游戏机会与儿童的生活世界密切相连，他们不会创设那些远离儿童生活经历的主题区域。正如拉莫斯老师所做的那样，教师可以利用儿童的已有经验，并通过聆听儿童在教室里、操场上或吃饭时的谈话来确定与文化相关的主题。他们在谈论什么？他们画了什么或写了什么？他们的家庭生活经历和习俗是什么？教师将这些真实的生活经历作为创设丰富的对话环境的基础，进而发展儿童的语言和读写能力。在安全的、与文化相关的游戏环境中，幼小的双语学习者更有可能尝试新事物，更大胆地使用第二语言，并由此体验成功的喜悦。

以拉莫斯老师的课堂为例，以下内容提供了丰富语言环境和支持儿童语言发展的三个策略，以帮助双语学习者（在本案例中，是西班牙语和英语的双语初学者）通过参与与当地社区环境紧密相关的游戏活动来发展沟通技巧和学习新概念。

通过语言映射激发对话

为了让儿童接触新的词汇，教师要练习语言映射（verbal mapping）策略，即向儿童描述他们正在做的事情或者你正在做的事情。请记住,要在有意义的语境中反复地使用新词汇,因为儿童需要多听多练习才能真正理解和使用不熟悉的词语。教师应在儿童熟悉且之于儿童有意义的环境中描述对儿童来说很重要的动作或事物。

> 乔治说,在他周围的面包店里,人们用面包夹或夹子夹取面包。拉莫斯老师认为,这是一个强化"夹子"一词的机会。她递给乔治两块积木并说道:"早上好,先生,我把经理为面包店订的两个夹子送来了。"虽然对儿童来说,"夹子"是一个新词语,但他们很快就把它融入自己的语言和游戏中。"收银员"告诉下一位"顾客":"请把您的托盘给我,这样我就可以把您的面包包起来,然后把夹子放在那边。"

拉莫斯老师还通过谈论顾客购买的面包种类来使用语言映射策略。在不干扰儿童游戏的情况下,拉莫斯老师提出问题、提供词汇,并扩展对话以支持他们的语言发展。

提供新的道具来拓展儿童的游戏

教师可以分阶段向角色扮演区添加道具,以建构儿童的知识并拓展他们的兴趣。你可以试着把新道具放在活动区内让儿童去发现,然后解释如何使用它们。你也可以通过角色扮演来介绍新的道具,就像拉莫斯老师用夹子做的那样。以下是她创设面包店的方法。

第一阶段

提供与游戏主题相关的基本道具。教师提供或邀请家庭提供常见的物品和工具，如常见面包的图片、围裙、调料、调料瓶、塑料搅拌碗、木汤匙、擀面杖和其他厨房用品等。

第二阶段

在仔细观察儿童互动的基础上添加更多的道具。例如，拉莫斯老师在观察到儿童谈论为婚礼和成人礼配送蛋糕之后，她将日历引入儿童的游戏。儿童标出了为顾客送蛋糕以及顾客取蛋糕的日期。同时，拉莫斯老师也提供了饼干模具和收据簿等物品。

第三阶段

添加强化主题的道具。有一天，拉莫斯老师在面包店里放了一个仿真的灭火器。这激发了儿童的想象力和词汇，他们进行了"面包着火及灭火"的角色扮演游戏。拉莫斯老师还提供了烘焙用的计时器、蛋糕相册和庆祝活动的图片等物品。

为面包店提供道具的建议

第一阶段：初始道具

> 围裙
> 调料瓶
> 橡皮泥

> 面包师的帽子
> 量杯
> 仿真面包或面包照片

- 烘焙托盘
- 烤箱（纸板箱）
- 擀面杖
- 碗
- 耐高温手套
- 收银机
- 纸袋
- 各种纸和书写工具
- 盛放糖和面粉的容器
- 纸和笔
- 钱包
- 塑料手套

第二阶段：教师在系统观察后添加的道具

- 预约本
- 咖啡容器
- 营业/休息标志
- 面包盒
- 咖啡壶
- 粗糖（未提炼的红糖）
- 公告板
- 饼干模具
- 收据簿
- 焦糖（焦糖酱）
- 擦写板
- 夹子
- 日历
- 冷却架
- 压饼器

第三阶段：特意添加以增强兴趣和想象力的道具

- 面包配送车
- 蛋糕相册
- 庆祝活动的图片
- 面包车
- 手机
- 社区图片
- 烘焙用的计时器
- 仿真灭火器
- 成人礼生日礼服

这个角色扮演区反映了这个班级是多元文化的混合体，里面有讲西班牙语的儿童。要定期评估角色扮演区的材料和道具，以确保它们能满足班级的所有儿童、家庭以及残疾儿童的需求。增加一些能促进儿童之间以及儿童和教师之间相互交流的道具。随着儿童对某个角色扮演游戏主题兴趣的逐渐减弱，要及时提供新道具或变换主题。

创设图文丰富的环境

创设受儿童欢迎的、图文丰富的角色扮演区，并添加功能性标签、图片、书籍和其他反映儿童文化的材料，如常见的食谱、与文化有关的甜面包照片以及调料（例如香草、肉桂或未提炼的红糖）。拉莫斯老师在面包店的货架上粘贴了不同面包的名称和儿童从家人那里听到的烘焙食品的名称，如肉馅卷饼。看到这些词语是怎么书写的，有助于鼓励儿童在订购或出售甜面包或者制作新的面包食谱时写下这些词语。

有趣的环境可以激发儿童参与活动的热情。儿童发现了这些图文材料，并学习这些图文所代表的语言。他们利用这些道具来学习读写。当拉莫斯老师把一个写着"营业"的牌子放在面包店柜台上时，一些儿童说："面包店开业啦！"

放置有用的标签，从而帮助儿童使用材料。提供一些儿童容易获取的标签，甚至是可以抄写以及临摹的标签。拉莫斯老师用西班牙语和英语为烘焙食品的名称与价格都做了标签。"营业"的牌子和不同的标签帮助儿童在创编一系列角色扮演情节时组织自己的思维过程。这些标签还是支持儿童的口头语言发展和帮助儿童阅读的材料。

促进儿童的游戏

要意识到你作为社会性角色扮演游戏的有效促进者这一角色的重要性。当你有意识地基于儿童的已有经验开展有趣的活动时，他们的游戏会变得更深入、更具有互动性。由于游戏和语言是相互促进的，因此增加儿童游戏的复杂性可能有利于他们的语言发展。但你在社会性角色扮演游戏中所提供的支持，必须有计划、有目的地帮助儿童达到更高的游戏水平（Leong & Bodrova，2012）。你根据自己的观察和自己对儿童个体需求的了解来指导他们的游戏。有时，儿童的角色扮演游戏主要涉及简单的剧本，与同伴的互动很少，这时你就要帮助儿童在游戏中与他人进行社交互动。有时，他们的游戏会变得重复，这时你可能需要介入，提出一个新的想法来帮助儿童扩展他们的游戏主题（Sluss，2015），或者挑战儿童当前的思维和角色。

当你的干预与儿童的意图协调时，你的干预是最积极和最有

> 当你有意识地基于儿童的已有经验开展有趣的活动时，他们的游戏会变得更深入、更具有互动性。

效的。拉莫斯老师用非侵入的方式提出她在游戏中观察到的、值得思考的问题，并提供词汇来丰富社会性角色扮演游戏中的儿童对话。例如，在面包店里，她提醒儿童写下面包订单，并在日历上记下送货的时间。她还有意识地在面包架上为各种类型的面包贴上标签并提供了书写材料。

拉莫斯老师也偶尔和儿童一起参加社会性角色扮演游戏，从而示范交流和游戏行为。有一次，她看到乔治把"面包"（剪纸）扔在地上，卡洛斯见状笑了。拉莫斯老师通过假装成对地上的面包感兴趣的顾客加入游戏。她走近面包师罗伯托并说道："下午好！我想买五个墨西哥甜面包，但是架子上已经没有了，它们在地上！让我们找个管理人员帮忙清理一下。"罗伯托同意了，并让其他男孩帮忙，他们也同意了。

结　　论

教师的有意支持、游戏过程中与同伴的互动，以及练习新的沟通技巧的机会都能促进儿童的语言发展。区域游戏主题鼓励儿童合作，也有助于他们谈论对自己有意义的事情，使他们能够在安全、舒适的环境中学习新词汇。角色扮演区包括儿童熟悉的物品、道具、开放性材料和读写资源，为儿童学习新的语言和应用已经理解的语言提供了机会。这些材料创造了一种联系感，它是儿童建立文化认同和进行语言学习的基础。当儿童通过游戏练习表征事物、经验和人的时候，这最终将有助于他们用字母和词语来表达自己的想法（Christie & Roskos, 2009）。

我们希望，我们的例子能鼓舞你创设与儿童的社区、文化和园外经历紧密相连的角色扮演区。

试 一 试

※ 倾听儿童的日常谈话，了解他们曾游览过的地方、他们喜欢的活动以及他们日常生活中邂逅的人。作为回应，列出一系列主题、当前词汇和其他词汇以扩展儿童的经验、知识和想法。

※ 探索你的角色扮演区。它是否反映了所有儿童的文化背景和能力？物品是否用了儿童的母语和英语标记？基本道具是否新奇、有趣或吸引人？为便于使用，你是否对材料进行了标记和布置？可以添加哪些标记来强调游戏主题（例如面包店、市场、消防站、街道）？

※ 根据作者的建议，为你的角色扮演区创建一个包含第一阶段、第二阶段和第三阶段的图表。按照顺序添加初始道具、调整材料，并有意识地添加用来增强儿童的兴趣和想象力的道具。

第四章
通过讲故事把艺术、读写和戏剧结合

很多时候，当儿童开始学习你引入的观点或概念，并把它变成自己的观点或概念时，游戏化学习就发生了，从而获得令人愉快且惊喜的发现和关系。当你在本章中读到探索一件艺术作品有助于激发儿童的想象力和创造力，并引导他们实现跨越领域的成长时，想一想故事讲述和表演将如何鼓励儿童解决问题、进行批判性思考。你可能无法总是预见儿童未来将要探索的道路，那么当他们表露出自己的想法和行为时，你该如何回应，并将学习渗透到儿童的探索活动中呢？

当5岁的安德鲁给我看他正在画的那幅画时，他大声地说道："我的画里面有一个故事！"我迫不及待地想把它记录下来，于是我赶紧拿起录音机，并请他给我讲他的故事。在我转录了他的话语后，我们就在课堂上分享了他的图画和故事。

神秘的树（安德鲁 作）

很久以前，有一棵神秘的小树，有阳光的时候，太阳总是照耀着它。有一户叫伦纳德的人家住在树的附近，并养了一条狗。因为这棵神秘的树里有一颗水晶，所以如果有人碰它或拿走它，整个世界都会消失。没有人碰过水晶，因为这棵神秘的树在守护着它。神秘的树从来不让任何人碰它，他们只能看见它，因为它就是这样的。这棵树很老，大约有150年了。

这是我第一次看到安德鲁兴奋地分享自己的作品。安德鲁是一位富有创造力的艺术家，他很喜欢讲故事，但是很少向小朋友们展示他的这些优点，因为俄语是他的第一语言，他的英语读写能力很差。现在，开学三个月了，他变得开朗了，我们都从他的创意火花中受益。

我曾在位于美国罗得岛大学校园内的亨利·巴纳德实验学校从事了十四年的学前教育工作。实验学校与大学的教育系合作，为学前至五年级的儿童提供教育经验丰富的教师，同时他们也担任大学的讲师。教师们有机会探索各种教学方法，我选择了研究和探索瑞吉欧·艾米利亚（Reggio Emilia）的教学方法。

作为瑞吉欧的追随者，我的目标之一是将更多的视觉艺术融入课程。瑞吉欧通过系统地关注符号表征，如文字、动作、涂鸦、绘画、建筑、雕塑、光影游戏、拼贴画、戏剧表演和音乐，促进儿童的智力发展（Edwards，Gandini，& Forman，1993）。瑞吉欧教育体系的创始人洛里斯·马拉古齐（Loris Malaguzzi）曾经说过："就创造力而言，我们的任务是帮助儿童尽可能高地攀登自己的山峰。没有人能做到完美。创造力似乎来自多样的经历……"（Edwards，Gandini，& Forman，1998，pp. 76–77）

带着这些想法，我开始在新学年研究田野边美纪（Miyuki Tanobe）的一幅名为《星期一，清洗日》（Monday, Washing-Day, 1972）的绘画作品。这幅生动而细致的图画描绘了在一个城市社区里，孩子们在风化的公寓楼前的一处小小的草地上玩耍，他们的头顶是一排排洗好的衣服和灰蒙蒙的天空。我之所以选择和儿童一起探索它，是因为它包含了一些他们可能联想到的元素，例如熟悉的玩具、色彩斑斓的衣服、户外的环境和下雨天。此外，我还意识到，儿童的美术教师在新学年的开始就和儿童一起学习了线条与形状。

当儿童观看艺术作品时，他们会利用自己的想象力和已有知识来确定发生了什么、为什么，以及如果他们在现场会有什么感觉（Mulcahey，2009）。当我第一次向孩子们介绍《星期一，清洗日》时，我问他们："你们看到了什么？"孩子们把注意力集中在绘画作品的颜色、形状和它描绘的物体上。

艾伦：我看到一个婴儿和她袜子上的小线条。

哈里特：我看到她的伞上有一些花。

辛格：我看到了内衣和袜子。

罗伯特：我注意到蓝色、橙色和白色。

科琳：这位艺术家画了气泡，他在其中加入了多彩的旋涡。

格兰特：我看到一些弯弯曲曲的线条。

哈里特：他就是这样做的（她用手指在空中作画），有点潦草。

我对儿童的评述表示认可，随后提出了一些旨在引发他们分享自己经历的问题。

在接下来的几个月里，当我定期邀请儿童重新思考这幅画时，他们开始进行更具批判性的思考——诠释艺术家表达的情感和讲述的故事。我们每周用10~15分钟的时间回顾这幅画。每次的讨论都以一个问题开始，从而促进更高层次的思考。在开始时，我会询问："你们看到了什么？"之后，我在接下来的几次会话中改问："你们注意到了什么？""你们觉得这幅画怎么样？""画外可能发生的事情是什么？"在每次的会话中，我们都先回顾和反思之前讨论过的内容。

奥伦：暴风雨来了，乌云密布，没有水坑。也许是坏人在下雨前把衣服放在了外面。天空很黑，没有太阳。

亚历山大德里亚：也许是晚上下雨了，他们不得不洗那些脏了的衣服。

格兰特：（看着篱笆后面那个穿紫色衬衫的男孩）他看到了一辆平板卡车，但平板卡车上有一个大箱子。这是晚上，那里露出了光。

哈里特：因为晚上下雨了，这就是它看起来很亮的原因。也许是人们穿着颜色鲜艳的衣服让它看起来像太阳。

科琳：下雨了，天很黑，那里有一把伞。但是，人们都很高兴地在野餐。

玛迪娜：开心。在他们出去后可能就下雨了，他们在雨中玩得很开心。

如何选择艺术作品

在寻找可与儿童分享的艺术作品时，要思考作品将如何吸引他们。

› 儿童会和艺术作品所呈现的环境产生共鸣吗？

› 你能帮助儿童将艺术作品与先前的知识、经验和家庭建立起什么样的联系？

› 艺术作品会让儿童如何发挥他们的想象力或探索他们的感受？

› 你能联系到课程中的什么概念？

› 艺术作品中是否有足够的内容用于进一步的探索？

› 艺术作品包含了哪些多样性的元素？

随着学年的推进，我开始看到儿童对于这幅画的思考在他们的日常生活中表现出来。在他们的角色扮演游戏中，我听到了一些话语，比如，"下雨了，我们得把洗好的衣服拿下来！"当我给他们读故事的时候，他们会在每一页打断我，问我关于插图的问题以及它们与故事情节的关系。儿童更期望讲述自己的艺术作品，他们的涂鸦和绘画开始包含更多的细节、颜色和线条。气泡和旋涡成为他们的许多作品的焦点。我很高兴地看到儿童通过口头语言和艺术作品来表达自己的想法与情感。儿童在接纳和支持他们的思想的环境中，通过艺术作品来表达自己对世界的看法（Feeney，Moravcik，& Nolte，2019）。我也知道，他们正在为一年级及以后的学习打下坚实的基础。在幼儿时期，创作并讨论绘画作品为写作提供了一个自然的过渡（Horn & Giacobbe，2007）。

"我的画也有一个故事"

安德鲁的《神秘的树》引发了大家通过艺术创作讲述故事的兴奋感。听了他的故事后，很多儿童告诉我，他们的画也能讲述故事。儿童有很多话要说，但他们往往很难将所有的话都写下来。写作的基本要求以及他们精细动作的发展，使他们无法轻易地记录下所有的想法。儿童通常会把自己的想法减少到一两句话，经常会遗漏重要的细节，因为这些词语"太难写"了。我想为儿童提供一种可以让他们分享自己的想法和创作成果的方法，且不受他们仍在发展中的写作技能的阻碍。

在讨论了《星期一，清洗日》之后，我们发现了图画背后的几个可能的故事。我运用安德鲁讲述故事的事例，向儿童提出挑战，要求他们创作自己的艺术作品并找出艺术作品中的故事。我用摄像机记录每个儿童的故事，并将视频上传到计算机回放（他们和我一对一地对话），供儿童查看或编辑。儿童接触书写（在本案例中，指边想边说出自己的想法或谈论自己的想法）和修改的过程是学习写作所需要的理解力和技能的形成过程（Schickedanz & Collins，2013）。然后，我把故事打在计算机上，再和儿童一起回顾以获得儿童最终的认可。一旦将儿童的故事转录完成，他们就可以通过教室屏幕上的投影仪与同伴分享。

> 我想为儿童提供一种可以让他们分享自己的想法和创作成果的方法，且不受他们仍在发展中的写作技能的阻碍。

儿童的作品展示了他们对故事讲述的不同理解程度。一些儿童的作品表现出他们对故事包含开头、中间和结尾的早期认识，以及冲突的产生和（可能在较小程度上的）解决办法。例如：科琳的故事《一块黄金》（Piece of Gold）将所有的元素都包含在一个简短的戏剧中；布鲁诺的《在太阳上荡秋千》（Swinging on the Sun）有更多的细节，但也显示了布鲁诺仍在发展创编连贯的、完整的故事的能力。

其他人描述了他们的绘画细节，但还没有掌握讲故事的技巧。

例如，罗伯托的故事《宝箱》（The Treasure Box）不仅是在描述作品——他介绍了不能爬上宝箱这一问题——似乎还专注于细节，但没有构思开头、中间和结尾。

一块黄金（科琳　作）

独角兽想得到一块黄金。小妖精总是想出一堆诡计。有一次，小妖精假装在度假，但实际上是躲在树后。独角兽试图去拿一块黄金，但小妖精抓住了它的尾巴。

在太阳上荡秋千（布鲁诺　作）

太阳上有一个秋千，一颗流星坠落在地球上。秋千上的人对地球上的人说："快跑！"那个人跑得很快，一下子就跑走了，但秋千却摇晃着，导致坐在上面的人掉进了海里。他游回到秋千上，因为太阳上的其他人推着一根杠杆，让秋千降落到海面。他游到秋千这里，他们推着杠杆，然后他往上爬，又回到了秋千上。

宝箱（罗伯托　作）

这里有一个宝箱，并且这个宝箱会闪闪发光。有人想爬上宝箱，但是它太亮了，他们都掉了下来。还有另一种方法可以从宝箱上下来。你应该向下走到没有线的地方，那是之前的海盗挖的隧道。然后，你沿着这条路走，和鱼一起游泳。如果你沿着外侧的小路走，向下翻滚，你可能会掉进鲨鱼沼泽里。

把儿童的故事变成现实

薇薇安·嘉辛·佩利（Vivian Gussin Paley）是一位早期教育家和研究者，她设计了一个讲故事课程来鼓励儿童的语言发展和社会性互动（1981）。这是基于儿童想把自己的想法付诸行动，以进一步深入了解周围世界的需求。"佩利的讲故事课程的整体性体现在它几乎促进了儿童的所有发展领域的学习，如从语言表达到意图形成，再到结交朋友。"（Cooper, 2005, p. 230）在佩利的启发下，为了进一步加深儿童对讲故事的理解，我向他们提出了挑战，要求他们把画中的故事表演出来。有些故事结束得过于突然，缺乏真实的结局。我觉得，如果儿童把他们的故事带到生活中，他们可能会更清楚故事的结构要包括开头、中间和结尾。由于儿童经常难以掌握表达技巧，因此我觉得，为他们提供更个性化的目标会让他们更有信心。因此，故事作者变成了导演，他们选择其他小朋友来扮演动物、人物和物品，并从教室里挑选物品作为道具。

轮到每个儿童时，我们都可以从他们的肢体语言和面部表情中看到兴奋。对那些在写作、语言表达或社交技巧方面存在困难的儿童而言，现在是他们发光的时候了。儿童的头脑中有着奇妙的想法，若被要求把这些想法写在纸上，他们就会把注意力集中于组合字母和单词的技能，而不是写作的内容。自由地讲述故事为儿童发挥创造力和增加有趣的细节提供了更多的机会。在整个活动中，语言表达、社交技能有困难的儿童都得到了支持和鼓励。被同伴选为演员让他们更有信心地扮演自己的角色，也有助于他们在以后自信地做出自己的选择。对这些儿童来说，这就是游戏时间。"事实上，游戏是一项复杂的活动，涉及对话、解释、详细的描述、社会工程、文学典故和抽象思维。对儿童而言，这既是工作，也是他们热爱的事情。游戏对他们的健康和幸福而言，是极其必要的。"（Paley，2009）此外，我想补充一点，这多么令人兴奋啊！

萦绕在房间的欢乐气氛十分具有感染力。故事是否连贯或是否缺乏结构并不重要。支持儿童故事的发展，并为他们提供机会以新的方式与同伴分享故事，这使他们的话语具有重要意义。当同伴在观众面前表演时，许多儿童会朗读他们的故事。其他儿童则请我为他们朗读故事，有些儿童甚至在我朗读故事时把自己的故事表演出来。我录下了他们的表现，第二天在"大屏幕"上把录像回放给全班的小朋友观看。

观看视频之后，我询问作者们及其同伴，他们对这些故事是否有疑问。作者们对回答这些问题感到兴奋和自豪。视觉反思和同伴的评论帮助儿童发现自己的作品缺少或需要改善的部分，这样有助于他们更清晰地将故事呈现给大家。许多作者根据同伴的反馈为自己的作品添加了更多的细节。

- 科琳的故事中不仅增加了更多的人物，还有一个新的结局。随着故事被表演出来，她意识到独角兽和小妖精并没有解决自己的问题——一只失去了尾巴，另一只失去了黄金。因此，她对故事做了修改。她的修改证明了她对问题解决方案的理解。正如她解释的那样："我会在周围放更多的树和一整群妖精。会有更多的独角兽来，它们都为争夺黄金而战。最后，一位小女孩出现并告诉他们分享黄金的办法——他们照做了。"

- 对布鲁诺来说，同伴的问题挑战了他的思维，但他仍然专注于细节而不是故事的结构。布鲁诺做的唯一修改是，增加了一枚到达太阳的火箭。许多儿童问他为什么有人在太阳上荡秋千，他简单地回答说："因为他们就是在那儿。"当被问到流星撞击的问题时，他说问题解决了，因为秋千上的人救了地球上的那个人。
- 在演完故事后，罗伯托意识到自己的故事没有结局——男孩被困在沼泽里。罗伯托说："为了让故事更清楚地展现问题和解决办法，以及开头、中间和结尾，我会把鱼变成食人鱼，把鲨鱼变成海怪，男孩试图摆脱沼泽地，然后把一块石头扔向海怪，爬出来。他再一次尝试取宝藏，但他滑倒了，回家时没有带回任何宝藏。"

将艺术、读写和戏剧联系起来

当我反思这个活动时，我惊讶于一幅精美的艺术复制品（以及由此产生的活动）在促进儿童的多领域发展与成长中所发挥的作用。我特别高兴地看到艺术、读写和戏剧之间的联系。通过探索《星期一，清洗日》，儿童的观察技能和批判性思维能力得到了提高。他们的涂鸦和绘画作品开始表现出对使用颜色、形状和线条来表达意义的理解。他们对绘画作品的口头解释为作品赋予了意义，使他们能够充分地表达自己的想法，而不必担心自己的想法需要以书面的形式才能呈现。儿童将自己的故事戏剧化，这使他们的想法变为现实，与此同时给他们提供了一个反思和向同伴介绍的平台，为改进他们的故事提供了有意义的机会。导演、表演和修改故事也提升了儿童的社交自信。最终，看似简单的火花——安德鲁讲故事——促成了艺术、表达和讨论的结合，使得所有儿童都能以多种方式获得成功。

试 一 试

※ 选择一个艺术作品，如涂鸦、绘画、雕塑、拼贴画或悬挂饰物。询问儿童"你看到了什么？"，并记录他们的答案。

※ 当儿童涂鸦或绘画时，让他们讲述与他们的创作有关的故事、想法或经历，以视频的方式记录儿童的故事，并转录出来。

※ 为儿童的故事表演提供时间、空间和道具，邀请儿童描述故事的开头、中间和结尾。

※ 通过询问儿童"你看到了什么？""你感觉怎么样？"或"你还想知道什么？"来鼓励他们对同伴创作的艺术作品和故事做出回应。

第五章
游戏化数学教学与标准

　　正如前言中所述,游戏化学习可能是教师与儿童一起发起的活动,并且教师有着特定的学习目标。在本章描述的情景中,儿童热衷于整理鞋子、玩扑克牌和棋盘游戏,并用绳子创造形状,然后数出边和角的数量——他们甚至都没有意识到自己在学习数学概念和技能。教师有意识地计划这些活动,不仅有助于儿童达到数学标准,还能以愉快的、发展适宜性的方式让儿童获得社会技能,从而实现个性化发展。本章是如何扩展或挑战你的游戏理念的?游戏化教学看起来怎么样?

🛶 当我走进玛丽露老师的幼儿园时，孩子们都只穿着一只鞋子。对此，我感到很困惑。我原以为会看到一堂数学课，没想到却看到了儿童把鞋子扔作一堆。但是，我很快就明白了，这是一项数学活动。

玛丽露老师把浴帘铺在地板上，并在上面画了 6×10 的格子。她让儿童按照他们协商好的鞋子的属性，把鞋子分成 6 堆，如凉鞋、拖鞋、有鞋带的鞋等。然后，让儿童从每堆鞋子中拿出一只鞋子，放在最后一排格子中，再从那堆剩下的鞋子里拿出其余的鞋子，每一只都放在第一只鞋子所在的那列方格里。在儿童数完每一列鞋子的数量之后，玛丽露老师问他们发现了什么。儿童讨论哪种鞋子最多，哪种鞋子最少。她接着问了一些问题，例如：有哪些鞋子的数量是相同的？凉鞋比拖鞋多多少？

玛丽露老师在黑板上画出了同样的方格，让儿童用字母代表每种鞋子（如 L 代表有鞋带的鞋子等）。在每列格子下面，他们写下每种鞋子的总数，然后继续讨论：大多数儿童今天穿了哪种鞋子？他们还需要多少有鞋带的鞋子才能让有鞋带的鞋子堆与无鞋带的鞋子堆一样高？

对儿童来说，这个活动就是游戏。而对玛丽露老师来说，这是一件严肃的事情。这一堂课涉及了多项数学内容，例如分类、计数、一一对应、基数、书写数字，以及绘图和测量。

在我参观的其他幼儿园里，儿童探索了形状。在操场上，三个儿童以等距分布的方式站在自己的位置上，一根绳子紧紧地围着他们，形成了一个等边三角形。胡安老师问他们制作了什么形状，有多少个角和多少条边。之后，他让其中一个儿童移动，同时绷紧绳子，然后重复刚才的问题。胡安老师还让儿童拉着绳子分别站在四个位置上，通过移动形成一个有两条长边和两条短边的矩形，然后再移成一个四条边都相等的图形。他提出了一系列问题，例如：这些形状有多少个角？有多少条边？边长相等的矩形叫什么？这些矩形的共同点是什么？一些没有直接参与这项活动的儿童爬到攀爬架上面观察形状，并急切地回答胡安老师的问题。

　　在其他的教室里，我观察到儿童热情地数橡皮、小动物玩具、彩色棉球和纽扣的数量，然后通过绘图或者画圈的方式代表某个集合，将以上物品放在相应的位置上，以确保精准计数。我看到儿童玩纸牌游戏，通过统计每次打出的牌上的符号（红桃、黑桃、梅花、方块）的数量来决定谁的牌大（教师可以增加纸牌的数量，让每个儿童玩两张纸牌，将两张纸牌上的数量相加，并和另一个儿童比较谁的总数大，从而使游戏更加复杂）。我看到儿童在教室里寻找各种形状，并讨论"一个有轻微弯曲的角的窗户是否是一个真正的矩形"。我曾目睹一位教师在阅读一本图画书时让儿童寻找房子前面、上面、旁边和后面的物品，或辨认插画里最大的狗和最小的狗。

游戏与学业能力：这不是一场零和游戏 ①

儿童知道他们参加的这些活动是数学课程吗？或许不知道。但他们确实是通过我所说的"游戏化教学"来学习数学的。

这些活动都是教师精心设计的，其中蕴含着具体的数学学习目标。所有的儿童都能积极地参与其中，进行思考，相互沟通与交流。这种允许儿童随意走动的活动还有更多的价值，它可以使那些很难坐在一个地方的儿童更有兴趣地参与进来。在这些活动中，教师可以通过观察和邀请特定的儿童参与对话来评估儿童的理解能力。

这些活动可能看起来不像基于标准的学业教学。所以，我们可以理解，许多幼儿教师对教学标准和教学目标的实现以及问责压力感到焦虑。

许多教师与我分享了他们的担忧，他们非常担心这些压力将影响儿童每天通过游戏进行学习的机会。一些教师也担心，过早地教授学业知识和技能可能会破坏儿童天生的好奇心和动力。但是，这些游戏化数学

> 这些游戏化数学教学实例清楚地表明，没有必要在游戏与教授学业知识、技能之间进行选择。

---

① 零和游戏（zero-sum game），又叫零和博弈，是指在一项游戏中，游戏者有输有赢，一方所赢正是另一方所输，游戏的总成绩永远是零。与零和概念相对应的是双赢。——译者注

教学实例清楚地表明，没有必要在游戏与教授学业知识、技能之间进行选择。大量的研究表明，儿童喜欢学习数学，在没有抽认卡或者练习册的情况下，可以学到比人们以前认为的更多的知识（Carpenter et al.，2016；Clements & Sarama，2014；National Research Council，2001）。

游戏化数学活动有一个额外的好处，即教师可以将促进儿童的社会技能发展融入教师计划的数学活动里。研究表明，一些棋类游戏（如带有大量计数的线性路径游戏）既可以培养儿童的数学能力（Siegler & Ramani，2009），又有助于儿童练习遵守规则、轮流、从容地面对输赢。同样地，参加了玛丽露老师的鞋子分类活动的儿童，在活动中通过讨论就鞋子的类别达成一致意见，举手回答问题，每个人都有机会参与其中。在胡安老师的形状活动中，儿童根据教师的指示协商谁移动到哪里，并与他人合作构造形状。在这种情况下，儿童在学习数学的同时也在发展社交技能。

教师发起与儿童发起的数学活动

为什么有目的、有计划的活动是必要的？难道教师不需要把学业知识融入由儿童自发的、以儿童为中心的活动中吗？例如，教师就不能利用儿童用积木搭堡垒的活动来帮助他们学习比较大小吗？当一群儿童讨论每个人拿到了多少农场动物玩具时，教师就不能自发地给他们上一节数数和比较课吗？

是的，教师可以而且应该抓住儿童在游戏和探索中自然出现的学习机会，但必须保持平衡。完全依赖儿童自发活动中的教学机会，将使得数学概念的引入顺序甚至是否被引入变得过于偶然。此外，如果教师仅仅依靠儿童的主动性，那么不同儿童的学习将有很大的差异，有些儿童会有很多学习机会，而其他儿童可能只有很少的机会。在计划好的小组活动和集体活动中，游戏化教学提供了关于儿童知识和技能的系统性信息，能够帮助教师了解儿童理解了什么，以及他们需要哪些支持来学习和成长。

让标准、问责制和现有课程发挥作用

数学标准并不妨碍教师开展引人入胜的游戏化活动，它可以帮助教师确定活动的内容和开展的顺序。问责制可能是有益的，也可能存在问题，这取决于它的实现方式。无论问责制怎样，数学标准依然是有用的，它是由不同内容领域的专家和教育者组成的小组精心设定和审查的，因此教师不必自己琢磨所有问题。

标准可能令人生畏，但它们是有价值的。各州、地区和其他组织，如开端计划，制定的数学标准被专家们视为理想的目标。如果教师不知道要在哪里结束，那么他们将很难清楚要如何到达目的地。

不过，标准应该是引导，而不是命令。我观察到，有些教师因急于达到标准或遵循以标准为基础的课程，从而教给儿童一些对他们来说过于超前的概念。在这种情况下，儿童很快就会变得焦躁不安、灰心丧气或者干脆拒绝参与活动。

严格遵守标准也会低估有些儿童已经准备好要学习的内容。一项在全国范围内进行的以典型的学前班儿童为样本的研究发现，在进入学前班之前，儿童已经掌握了大部分的数学技能（Engel et al.，2016）。尽管绝大多数进入学前班的儿童已经掌握了基本的计数技能并能够识别出简单的形状，但他们的老师说，每个月大约需要用 13 天的时间去教授这些内容。在进入学前班时，尽管只有很少部分的儿童能够掌握基本的加减法，但每个月只有 9.5 天左右的时间用于教授这些技能。研究进一步发现，花更多的时间在儿童不熟悉的内容上，比如基本的加减法，可以让儿童获得更高的数学成绩（Engel et al.，2016）。

总之，虽然标准有助于明确年度学习目标，但教师必须为儿童制订短期的目标，因为儿童带着不同的知识和技能进入课堂。苏联心理学家列夫·维果茨基（Lev Vygotsky，1978）提出"最近发展区"并认为，教育需要满足儿童现阶段的发展需求，并为儿童提供一点帮助或指导，使其达到稍微高出现阶段的发展水平。随着儿童进入学前班和小学低年级，有些儿童可能需要教师采用低他们一两个年龄段的标准进行指导。他们需要先

> 总之，虽然标准有助于明确年度学习目标，但教师必须为儿童制订短期的目标。

掌握这些技能和知识，然后才能达到相应年级的学习水平。这意味着，教师需要调整教学内容，帮助儿童掌握首要必备的技能，早期教育机构也需要为这些儿童提供额外的支持。而其他儿童可能已经做好准备，继续学习比他们大一两岁的儿童期望学习的知识和技能。简而言之，标准提供了有用的目标，但只有儿童才能告诉你，教学要从哪里开始。

路线图的帮助

> 通过了解儿童如何才能学得最好，教师可以计划一些吸引人的、有趣的活动，帮助儿童进一步思考，并对他们的个人优势和需求做出回应。

明确目的地与拥有路线图，二者相差甚远，教师需要路线图来支持儿童的进步。除了这些标准，教师还需要了解儿童掌握数学概念和技能的典型轨迹。在了解了典型的学习轨迹之后，教师可以确定儿童下一步要达到的标准。通过了解儿童如何才能学得最好，教师可以计划一些吸引人的、有趣的活动，帮助儿童进一步思考，并对他们的个人优势和需求做出回应。

如今，研究者对典型轨迹的了解更为丰富（参见 Clements & Sarama, 2014）。例如，当你在一个学前儿童刚刚数过的 6 个物品中再添加 2 个物品，并问他现在有多少个物品时，大多数儿童会先从 1 开始数到 6，然后再数到最后 2 个。稍后，在更高级的水平上，他们将在前面数量（6）的基础上，添加 7、8 以得到总数（Siegler，2016）。此时，那些仍然需要从头开始数的儿童，需要教师帮助他们记住前面的数。教师可以和他们玩"藏一藏，猜一猜"的游戏，即用手或杯子盖住一组物品，问儿童是否能在不看自己已经数过的物品的情况下估计出这组物品的数量。与此同时，那些能够依据之前数过的物品数量继续数数的儿童可能会得到更大的一组数，或者被要求解决涉及去除物品的问题（倒数）。

学习轨迹的另一个例子是，儿童通常在能够识别基本形状之后，才能说清楚形状的特征。一旦儿童对基本形状有了大概的理解并知道其名称，教师就可以使用前面提到的用绳子制造形状的游戏等活动来帮助儿童了解不同形状的具体特征。了解了这些知识的儿童可能已经准备好理解更复杂的形状。因为确定下一步需要了解儿童与典型学习轨迹的关系，所以，通过活动了解儿童当前具备的知识和技能是有价值的。虽然个别儿童的数学学习轨迹与研究人员总结为"典型"的轨迹不完全一致，但基于对大量儿童的调查，有关轨迹的研究可以为教师安排引入新数学概念的顺序提供一些指导。

以研究为基础的现成的课程可以帮助教师以适当的顺序介绍数学概念，但现成的课程不是必要的（并不是所有现成的课程都基于可靠的研究）。许多幼儿园和教师根据标准和有关数学学习轨迹的研究来开展自己的数学活动。即使幼儿园使用的是现成的课程，教师也可以用自己的活动、同事设计的活动或在互联网上发现的活动作为补充。课程可以成为有用的资源，但教师比课程开发人员更了解自己所教的儿童，他们需要在儿童生活的社会和文化背景下使用材料、调整策略，以满足儿童的需求。

教师偶尔会说，管理人员迫使他们严格按照课程进度指南进行教学，而不是根据儿童的掌握程度来教授新概念。进度指南的设计是为了确保所有的材料都涵盖在内，让所有的儿童都能学习严格的课程。但是，进度指南并不能保证所有的儿童都能达到最终的学习目标。有些儿童一开始就远远落后于同龄人，或者不精通教学语言，而其他儿童在进入班级时就已经掌握了其他儿童在年底前要获得的知识和技能。严格遵守进度指南的安排，常常导致某些知识内容对一些儿童来说太难，而对另一些儿童来说又太容易。

被要求使用进度指南的教师通常可以根据儿童具体的数学技能掌握情况做出调整，比如改变为儿童设置的问题难度，或者让儿童通过具体实践来解决问题。为少数儿童提供额外的指导，如需要更多支持或额外挑战的儿童，这是另一种有助于满足儿童多样化需求的策略。

结　　论

标准和问责制是有价值的，但我们必须确保它们不会妨碍以儿童为中心的、发展适宜性的、游戏化的学习活动。本章所描述的教学方法要求教师有目的地、认真地计划课程，并且提供明确的指导，至少对于一些数学活动是这样的。但正如案例所示，儿童不太可能注意到游戏与学习数学概念、技能之间的区别。

试 一 试

※ 设计一个有趣的活动，促进儿童对早期数学概念（例如分类、计数、基数、形状）的理解。活动将如何支持学习目标的达成？你将如何调整任务要求，以适应儿童的不同发展水平？你将如何确定该活动是否有效？

※ 让儿童更容易地找到适合数学活动的材料（例如纸牌和棋类玩具、分类玩具）。观察他们如何使用这些材料，并尝试采用一些策略来鼓励儿童使用支持数学学习的材料。

※ 让儿童两人一组开展数学活动（例如给材料分类、玩纸牌游戏、找出教室里所有的矩形）。观察儿童的社交行为（例如协商任务、轮流、从容地面对输赢），并考虑如何在其他数学活动中改善他们的技能。

※ 观察儿童的自由活动，发现鼓励他们学习数学的方法，例如，在户外询问他们可以拍多少次球、哪列火车最长，或者一座塔比另一座塔多多少块积木。

第六章

为儿童提供积极的数学区活动

数学是确定儿童在未来获得学业成功和事业发展顺利的基本领域，年幼的非裔美国男孩经常在数学方面落后。对每个儿童来说，他们想要获得优秀的数学成绩，就需要教师的自我反思。你对所有儿童都抱有很高的期望吗？你对儿童的文化背景了解得如何？每个儿童接下来可以学习哪些数学概念和技能？目标是使数学活动（包括儿童在数学区中的独立探索）成为吸引学习者的"磁铁"，使数学易于理解，让人感到愉快且具有充分的挑战性。牢记游戏化学习理念，思考哪些材料和活动会吸引儿童进行更高层次的思考，积累解决问题的经验，从而有助于他们朝着积极的方向前进。

🔖 在城市中贫困地区的一间幼儿园教室里，谢泼德老师告诉孩子们，他们将到附近街区去散步，本月的班级主题是"建筑物"。

在散步的途中，他们偶然看见一幢正在翻修的房子，这里的建筑工人和电工们放下手中的工作愉快地与他们交谈。孩子们全神贯注地观察测量工具、结构图、铅垂线和操纵杆。在接下来的几周里，谢泼德老师和孩子们又多次回到建筑工地，他们在一个安全的、合适的位置观察房子的形状并为工匠们欢呼。

回到教室，孩子们对建筑的兴趣很高，他们参加了各种各样以建筑为主题的动手操作活动。谢泼德老师演示了建构过程之后，全班共同制订了设计并建造鸟笼的计划。谢泼德老师每周都会向孩子们介绍一些有关建筑的新想法，她将这些新想法与儿童在参观建筑工地时的观察和问题结合。

谢泼德老师也在数学区向孩子们提供了一些数学工具，孩子们可以在计划、测量、建造的过程中使用这些工具。一些儿童借助数学区的工具和测量装置在积木区进行建构。配班教师威廉斯为角色扮演区勾勒出了鸟瞰图，孩子们为这幅图添上了窗户和其他装饰物。他们还采访了一位在建筑公司上班的父亲，这位父亲用一个上午的时间向孩子们展示了测量和组建房屋的基本知识。数学无处不在，它贯穿班级的整个建构主题活动。

儿童喜欢在角色扮演区、艺术区和积木区游戏，没有成人的引导，儿童对探索数学区毫无兴趣。作为大学的研究人员和顾问，我们用了一年的时间对美国南部城市的八所公立幼儿园教室内的数学区进行了深入的观察，试图了解儿童在学习过程中与数学教具以及材料的自然互动。所有的教室都提供了相对较好的、与数学相关的材料，但在某些教室，这些数学区的创设并不是为了培养儿童持续的兴趣或增进他们对数学的理解。教室中的材料是相似的，教师没有随着时间的推移而调换材料，也没有以激起儿童好奇心或注意力的方式投放材料。

已有的两项重要研究均支持了在以有色人种儿童为主要服务对象的城市幼儿园（招收4—5岁儿童）教室中学习数学的重要性。其中，一项研究发现，早期数学知识是预测儿童之后在学校的阅读和数学学习表现的有力因素（Duncan et al.，2007）。另一项研究发现，儿童数学成绩的种族差异存在于学前班入学阶段（Friedman-Krauss，2016），并且这些差异在小学、初中和高中阶段依然存在（National Assessment of Educational Progress，2015）。

在本章中，我们认为，提供有趣的早期数学学习活动至关重要，尤其是对非裔美国男孩来说。我们建议教师通过选择材料和创设环境来优化儿童的早期数学学习。

支持非裔美国男孩

非裔美国男孩在很小的时候就会意识到，他人对自己的数学能力的看法受到种族观念的影响（Nasir & Shah，2011）。普遍来说，高比例的非裔美国男孩的学业成绩不够理想，仅有低比例的非裔美国男孩能够获得理想的学业成绩，尽管这些差异是由与学习机会相关的许多问题造成的（参见 Bowman，Comer，& Johns，2018），但公众（包括一些教育者）仍然存在一种误解，认为这些差异是由天生的能力差异造成的。因此，许多非裔美国男孩往往面临他人对自己的期望值降低的情况，即使他们有很高的成就（Berry III，2008；Zilanawala et al.，2017）。期望值降低导致这些儿童无法接受严格的数学课程教学，在学习数学的道路上感到无助，并对自己学习数学的能力（即自我效能感）持有消极的态度（Berry III，2008；Nasir & Shah，2011）。更糟糕的是，新的研究发现，即使在控制了认知能力这一变量之后，儿童对数学的态度仍然是他们取得成就的有力预测因素（Chen et al.，2018；Digitale-Stanford，2018）。

撇开期望和态度不谈，研究还发现，在不同的教育背景下，儿童获得高质量数学学习的机会存在明显差异。在低收入地区的城市学校就读的有色人种儿童掌握数学知识的机会往往更少。一项针对城市幼儿园（招收 4—5 岁儿童）的研究表明，其数学教学活动的频率远远低于读写教学活动的频率（Farran et al.，2017）。研究还发现，小学（及以上）的非裔美国人在天才班中的比例较低。例如，对学前班、一年级和三年级的天才儿童进行的仔细调查发现，当黑人儿童有黑人教师时，他们被推荐和分配到天才班的可能性远远高于他们未拥有黑人教师时（Grissom & Redding，2016）。根据美国国家教育进展评估（National Assessment of Educational Progress，2015）的数据，在八年级的非裔美国男孩中，只有13%的学生精通数学，而精通数学的白人男孩的比例为43%。考虑到儿童早期和小学阶段学习机会的差异，这也就不足为奇了。

高质量的早期数学学习环境对儿童职业轨迹的决定作用越来越明显。根据美国国家科学基金会（National Science Foundation，NSF）的数据，2002年，只有7%的非裔美国大学生被授予了科学、技术、工程和数学（Science，Technology，Engineering，and Mathematics，STEM）学士学位。2014年，这一比例基本保持不变。虽然STEM职业通常由男性主导，但在非裔美国人中并非如此。在2014年颁发给非裔美国人的STEM学位中，授予男性的数量还不到总数的一半（NSF，2017）。

> 高质量的早期数学学习环境对儿童职业轨迹的决定作用越来越明显。

非裔美国男性在数学方面的成就仍然是一个有待研究的话题，尤其是从儿童早期教育视角来看。许多成功地从事STEM职业的非裔美国男性把他们的成就主要归功于积极的早期数学学习经历。这表明，特别是在儿童还小的时候，教师提供更具挑战性和支持性的数学学习环境，可以提高儿童的数学能力，并随着时间的推移，为他们打开STEM职业的大门（Berry III，2008；McGee &

Pearman II, 2014; Zilanawala et al., 2017)。

然而，提供有趣的早期数学活动并不简单。减少教师流动率、增加支出和雇用更多的合格教师等举措，对改善非裔美国男性的数学学习轨迹几乎没有影响（Zilanawala et al., 2017）。在为来自低收入家庭的有色人种儿童提供服务的幼儿教育课堂上，若要提高儿童对数学的参与度，教师需要从根本上重新考虑数学学习机会的问题。

将 STEM 融入早期学习

认识到所有儿童都有学习 STEM 的巨大潜力，这对于教师有意识地为他们提供学习机会大有帮助。你可以通过简单的方式将 STEM 融入课堂——你不必成为专家，STEM 可以作为儿童游戏和你已经开展的其他活动的一部分。

你不必成为专家

许多人认为，支持 STEM 学习意味着教师要拥有 STEM 的专业知识。但是，就像在其他学业领域一样，对儿童来说，发生在游戏情境中的学习是最好的。教育者不需要成为 STEM 专家，他们可以通过鼓励儿童实践 STEM 思维习惯（如好奇心、探索、自然实验等）来支持儿童的成长。通过将亲身体验活动与激发好奇心的问题结合，教师可以促进儿童理解概念，使儿童学习新的知识和掌握必要的技能，例如观察、形成假设、收集证据、修正假设、设计实验（NSTA, 2014）。在成人的支持下，儿童在游戏和日常活动中会根据自己的好奇心行事，从而逐渐理解 STEM，形成 STEM 思维习惯。

优秀的 STEM 教师经常拒绝直接回答儿童的问题，而是有意识地提出问题，然后支持儿童自己解决问题。这培养了儿童的自立能力和适应能力，而这两种能力是 STEM 探究和实践的基础（Van Meeteren & Zan，2010）。

支持儿童的好奇心和自我引导需要教师目的明确与勤加练习。教师要学会支持儿童开放、专注的探索活动，鼓励他们通过表征和谈论自己的想法来反思自己的实践（Hoisington，2010）。在促进儿童天生的 STEM 能力方面，你所发挥的最重要的作用之一是帮助儿童坚持下去，否则他们可能会放弃。当儿童遇到挫折时，要试图避免通过为其提供答案来解决问题。相反，你要通过对挑战表现出热情以及假装疑问和好奇来培养儿童的毅力。例如，提出一些能重新激发儿童内在求知欲的问题。其中，提出鼓励儿童探索的问题（如"如果……你觉得会发生什么？"）比暗示只有一个正确答案的问题（如"球会往上还是往下？"）更能帮助儿童坚持不懈、解决问题以及获得更多的发现（Hoisington，2010）。当你习惯问这样的问题时，你就会发现，鼓励儿童对问题进行深入探索的经历是多么美妙！

STEM 可以融入已有课程

儿童在参与 STEM 活动时习得的概念、词汇和思维习惯是可以迁移的。因此，STEM 能促进儿童提升多种能力，包括读写能力和注意力。换句话说，STEM 学习并不是一项建立在其他需求之上的附加任务。当你认为早期 STEM 学习是在培养儿童以好奇心为基础的思维习惯和促进儿童的知识学习时，你就会找到将 STEM 的概念和实践融入现有课程的方式。

例如，STEM 和读写能力是相辅相成的。你为儿童朗读过的许多书籍都包含 STEM 的一些特征，如需要解决的问题、尝试基于证据的解决方案（并且经常重复和重试）、发现有效的方法。这些表明，STEM 无处不在，STEM 探索活动有其内在的戏剧性。

> 明确的、基于 STEM 的活动也可以用来增进儿童对故事的参与和理解。例如，某所幼儿园的某个班级正在共读奥利弗·杰弗斯（Oliver Jeffers）写的《失而复得》（*Lost and Found*），这本书讲述了一只迷路的企鹅划船寻找回家的路的故事。教师邀请这些 3 岁的儿童用铝箔纸建造并测试船只，从而将一只小企鹅玩偶运过水面。儿童深深地沉浸在这种有意义的 STEM 活动中，这增强了他们对这本书的感受并鼓舞他们对这个故事进行创编（Draper & Wood，2017）。
>
> 你一旦开始运用这些方法支持儿童的探索，就将发挥重要的作用，从而帮助家长和其他教育工作者看到儿童非常复杂且通常被掩藏的 STEM 能力，以及早期 STEM 活动在塑造下一代的心智上的强大作用。

改编自：E. McClure, "More Than a Foundation: Young Children Are Capable STEM Learners," 2017, *Young Children* 72（5）：83–89.

选择适宜的数学材料

为了帮助教师选择适宜的数学材料并以丰富的方式使用它们，我们基于教师提出的问题，以及他们在创设数学学习环境时面临的挑战，制定了以下指导方针和策略。教师在创设数学学习环境时，应注意儿童独特的兴趣和能力。

提供排序活动

在幼儿时期，最有效的数学材料包括排序学习材料。排序材料给儿童提供了一个合乎逻辑的顺序或步骤，通常儿童要想完成任务需要制订工作计划或蓝图。通过使用这些材料，儿童可以进行更高层次的思考、计划、反思和解决问题。更多地参与排序活动与学前儿童获得更高的数学能力和自我调节技能有关（Farran et al.，2017）。教师可以通过介绍材料和示范材料的使用方法，激发儿童对排序材料的兴趣，然后再让儿童独立操作材料。教师可以为3—5岁的儿童提供七巧板（匹配的模式越来越复杂）等材料。

选择回应性材料

虽然教师直接进行数学教学很重要，但数学区为儿童提供了独立探索和学习的大好机会。其中一种方法是提供回应性的材料（有时被称为"自学或自我纠正的材料"），让儿童能够独立发现自己什么时候偏离了方向，从而重新思考自己的方法。一个简单的例子是拼图游戏，它的各个部分只能以一种方式组合在一起。自我纠正功能允许儿童不断地强化自己关于数学的最初想法，从而引发持续的数学学习并增强工作记忆（Kirschner，Sweller，& Clark，2006；Willingham，2017）。伴随着这种活动的成功，儿童可能会挑战越来越难的材料。为了保持儿童对排序材料的兴趣，可以随着时间的推移不断增加材料的复杂性。例如，你最初可能让儿童在数字游戏中使用数字1—10，但在他们掌握了数字概念之后就可以扩展为1—20。

在选择数学材料时，要考虑儿童可能需要多少支持才能在活动中有所理解、获得学习。投放材料并偶尔提供支持是合理的，但如果儿童需要持续的指导，那么这种材料可能更适合小组活动或一对一的活动。

提供解决问题的机会

通过设置高期望和邀请儿童在问题解决中了解世界，教师可以拓展儿童对数学活动的最初兴趣。积极的早期数学经历是激发儿童天生好奇心的好方法。在观察中，我们发现男孩往往会被一些开放性的建构材料吸引，比如乐高积木、竹子积木和磁力片，因为这些材料可以让他们进行探索和创造。然而，儿童往往需要一些成人的帮助，才能以激发更复杂的思维的方式使用这些材料。教师应该通过提出深思熟虑的问题、增加挑战和激发儿童进行新的探索来鹰架儿童的游戏。随着时间的推移，教师还可以鼓励儿童互相分享他们的发现和想法。

像乐高积木和磁力片这样的材料可以让儿童在教师的帮助下设计复杂的建筑物。例如，教师可能会帮助儿童制订计划，选择适宜的材料，然后围绕儿童的建筑物详细地询问一些开放性问题。例如，一名小男孩独自为一个建筑物建造楼梯。为了确定楼梯的高度，他根据乐高盒的高度测量了楼梯的高度。这需要男孩多次重建和重新测量，以确保楼梯适合这个建筑物。经过几次尝试后，他成功地

> 通过设置高期望和邀请儿童在问题解决中了解世界，教师可以拓展儿童对数学活动的最初兴趣。

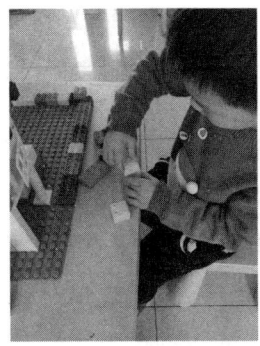  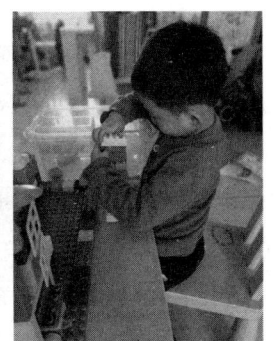

步骤 1：为建筑物建造楼梯　　步骤 2：用乐高盒测量楼梯　　步骤 3：将楼梯移到建筑物上

将楼梯移到了建筑物上，并且非常合适。这样的游戏——涉及复杂问题的解决——是培养执行功能（例如，在一项任务的多个组成部分之间转移注意力）的关键。在解决这个问题的过程中，这名小男孩一直在数学区全神贯注地工作。教师为小男孩提供了相关的样图（比如楼梯的海报）和建议，帮助他从更复杂的游戏中体验到认知能力的增长及其带来的乐趣。

为什么数学这么重要

高质量的早期数学学习活动和环境可以让儿童制订计划、集中注意力和巩固已有经验，以培养他们的执行功能。执行功能包括抑制干扰信息的能力、在一项任务的多个组成部分之间转移注意力的能力，以及保留和处理信息的能力，所有这些都有助于儿童在课堂上的学习和表现（Clements，Sarama，& Germeroth，2016；Fitzpatrick et al.，2014）。参与棋盘游戏和玩具分类游戏（按颜色、形状等）等数学活动可以提高儿童的这些基本能力。

数学和执行功能之间的联系对在低收入家庭和资源匮乏社区中长大的儿童来说尤为重要，截止到 2016 年，这些家庭和社区中的黑人儿童占 34%（Annie E. Casey Foundation，2018）。最近的神经病学研究表明，大脑中受早期贫困影响最大的区域是与执行功能和推理能力相关的区域（Noble et al.，2015）。由于来自低收入家庭和资源匮乏社区的儿童的生活不稳定，并经常生活在高压力的环境中，因此他们比来自富裕家庭的儿童更不可能具有良好的执行功能和数学技能（Ursache & Noble，2016）。如果没有强有力的环境支持，男孩将很难集中注意力并坚持不懈，来自低收入、高压力家庭的男孩更难做到这一点。年幼的儿童比年长的儿童更依赖周围的环境。

值得注意的是，环境支持并不意味着更多的教师主导和控制。通常，这意味着要创设有助于儿童数学学习的数学区，里面具有支持早期数学技能的有趣材料、最小的干扰和吸引儿童注意且便于儿童使用的材料布置方式。这也意味着，伴随儿童探索这些材料，教师通过评述、提问和建议来支持与扩展儿童的数学思考。材料的选择至关重要（如本章所述），有些材料比其他材料更能支持儿童的学习。

丰富多样且明确的数学内容

我们在幼儿园的教室里观察到，数学区中有许多分类材料和积木建构材料，但数学学习远不止分类和建构活动。而且，分类和建构活动可以在儿童没有真正地学习很多数学知识的情况下发生。男孩可能会被这类活动吸引，但数学区应该呈现广泛的数学内容——从模式到计数和基数再到空间关系。最初看起来与数学无关的材料，随着资源的增加可能会与数学产生关联。例如，我们观察到儿童经常在角色扮演游戏中使用计数小熊①（counting bears），如果儿童不会数数，计数小熊自己也没办法教儿童。然而，在投放计数小熊的同时，提供用数字或圆点（或用颜色编码的圆点）制作的转盘，可以为儿童提供真正的数学学习机会。"转盘"可以让儿童自己动手数一数小熊的数量，并将其与"转盘"上所显示的数字或点的数量联系起来（即一一对应）。

我们经常在数学区看到鬃毛积木，尽管它们几乎不被用于数学教学活动。当用像鬃毛积木这样的材料进行空间学习时，儿童往往只是把它们连在一起，而不去构造形状。要用鬃毛积木促进儿童的数学能力发展，教师需要就儿童如何与这些积木互动提供一些具有创意的建议。教师可以添加卷尺、直尺，提出使用建议，利用这些积木对儿童的吸引力，鼓励他们使用这些材料开展数学学习活动。

避免分散注意力的材料

材料和活动的非数学特征可能会分散儿童的注意力。例如，儿童经常会被数学材料的特征尤其是颜色分心，并且可能难以认知数学概念（Willingham，2017）。教师要思考颜色是服务于数学学习的目的（例如比较红色和蓝色汽车的数量），还是仅会分散儿

---

① 计数小熊，是一套有名的数学学习教具，可以帮助儿童学习颜色、分类、计数、找规律等，还有与之配套的数学绘本。——译者注

童的注意力（例如，旨在让儿童一一对应或计数的游戏中出现的五彩缤纷的颜色）。

需要注意的是，材料中蕴含的非数学概念对儿童学习数学概念来说是多余的，可能会阻碍儿童的数学学习。例如，许多以排序学习为目标的人工材料允许儿童同时按数值和颜色进行排序，儿童很有可能完全按照颜色分类，而且完全不注意数学特征就能猜对。此外，最近的研究表明，学前儿童很容易被具有多种特征的材料过度刺激，从而很难区分事物的相关程度（Willingham，2017）。当材料具有多种特征时，儿童可能需要成人的支持来识别和处理数学方面的问题。对数学区儿童的自主学习来说，具有最少干扰特征的材料可能更有效。

布置学习环境，使儿童充分地学习

在以有意义的方式使用数学材料方面，儿童对班级环境是高度依赖的。布置整齐、贴有标签、引人入胜的空间会比疏于布置的活动区更吸引儿童的注意力。当儿童可以很容易地看到所有可用的材料时，他们就会更好地规划与数学有关的游戏，无论是建造金字塔、复制图案，还是把动物玩具分成不同类型的小组（例如根据尾巴的长度）。保持他们全年的兴趣需要教师添加新材料或用新资源强化旧材料，让儿童用手头的东西做更多的事情。例如，你可以为儿童提供一组形状积木和一些简单的图案供他们复制。

随着儿童逐渐掌握这些材料的用法，你可以增加更复杂的图案，并邀请儿童使用这些形状创造自己的图案。教师也可以使用其他材料，如珠子或乐高积木来丰富图案。

装材料的容器通常都贴有标签，便于整理，但贴标签还有一个更重要的好处。适当地给材料贴上照片或文字标签，可以帮助儿童更容易地获取它们。标签也可以提醒儿童以更有挑战性的方式玩材料。然后，儿童就可以独立地在活动区中游戏，明智地决定使用哪些材料。很多材料可以被放进贴有标签的桶里。形状奇特的大材料可以被放在有标签的架子上。

为了让儿童重新投入学习，保持他们的注意力，教师可以在每个学习单元结束后通过添加新物品和更换辅助材料来更新材料。例如，如果数学区中的计数小熊仅用于练习一一对应，那么可以添加图案卡片，从而提示儿童以新的方式使用计数小熊。对于何时更新材料没有固定的时间要求，当你观察到选择数学区的儿童越来越少时，显然，这时材料需要更新了。

结　　论

高质量的早期数学经历对非裔美国男孩在学业方面的持续成功和职业生涯的发展有着巨大的影响。虽然我们在这里列出的指导建议有益于所有学前儿童，但对有色人种的男童来说，它们尤为重要。太多的学校没有为有色人种的儿童提供他们所需要的充满活力的数学活动、材料和支持，阻碍了他们日后学习高等数学课程或进入 STEM 相关领域的机会。

　　幼儿教师可以通过与非裔美国男孩进行积极的互动、提供探索机会、扩展儿童的最初兴趣，以及创设环境来不断地吸引儿童参与数学学习活动，帮助他们拥有高效的数学学习经历。

　　教师和家长如何看待和交流数学学习的重要性，直接关系到儿童对数学的喜爱情况，以及他们对自己的数学能力的看法。这也影响了他们的自我调节能力。因此，让数学活动成为有意义的、有吸引力的活动，对所有儿童——尤其是那些在资源匮乏的社区中长大的美国非裔男孩——是至关重要的。

试 一 试

※ 列出促进儿童数学学习的资源（例如七巧板、夹子分类板、数字积木、图案卡片、拼图、拼图板、棋盘和纸牌游戏）。选择其中 3 种材料，记下儿童在操作材料和活动中的收获。你又该提供什么来帮助他们拓展学习呢？

※ 更新数学材料，使用充足的桌面空间来整理你的环境。为了帮助儿童更方便地获取材料，可以重新设计存储区域，并在容器上贴上标签和照片。你可以添加哪些活动、游戏和资源呢？想一想，儿童是从新添加物的介绍中受益更多，还是从自己一开始对材料的探索中受益更多？

※ 每天运用数学对话来解决简单的日常问题。例如，"有些盘子里没有饼干，我们还需要多少呢？"或者"你认为，你投球的距离有多远，我想知道我们应如何测量距离"。

第七章
用竹子做什么——学前儿童对自然材料的探索

当教师在环境中投放新材料时，这往往会激发儿童通过游戏进行富有创造性的学习。教师在这所幼儿园的操场上添加了一种不同寻常的材料，激发了儿童在这一学年中以许多不同的方式进行游戏。请注意他们的游戏经历了多少变化，转换了多少方向。教师是如何促成这些的呢？通过教师的引导，儿童的学习还可能以其他什么样的方式得以巩固和深化呢？你还能投放哪些新的游戏材料来促使儿童进行丰富的学习呢？想一想有哪些方式可以基于儿童的兴趣和热情，把他们的学习扩展到其他课程领域。

我们所在的是一所以游戏为基础的美国幼儿园，这里的操场被"自然探索"（Nature Explore）①认证为"户外教室"。我们不断地寻找各种各样的自然材料来丰富空间，因为我们坚信，激发儿童的创造力和想象力并利用所有的感官去探索会使他们从中受益。近年来，我们在操场上添加了干草包、树墩、原木、松果、浮木、石头和藤蔓，还有竹子。

在学年快开始的时候，一名教师听说邻居免费提供竹子，于是提出了带一些竹子到幼儿园的想法。教师们对这个提议举双手欢迎，希望用这种独特的材料为儿童提供新的体验。在几天之内，30 根 1.8 米~3.6 米长的竹子被带到幼儿园的操场，我们把它们堆在操场上，放在不会干扰游乐设备和周围步行通道的地方。教师们急于了解儿童对新材料的反应，也渴望看到儿童在探索过程中获得了哪些认识，于是决定不呈现竹子的使用方法。他们观察儿童围绕竹子开展的游戏和对话，用问题、建议和新材料支持与扩展儿童的思考，从而激发儿童更多的创造力和学习。学前儿童能用竹子做什么呢？事实证明，他们能用竹子做很多东西！

激动！发现了竹子

孩子们第一次看到竹子是在户外操场上，因为它的颜色和数

---

① 美国的一家全国性非营利组织，旨在帮助幼儿园和家庭将大自然变成儿童日常学习中快乐且不可或缺的一部分。——译者注

量引人注目。竹子是绿色的，有的很粗，有的很细，有的较短的竹子上还连着叶子。第一批"探险者"被有叶子的竹子吸引，他们将竹子竖起来，说竹子比他们还高。他们把竹子举过头顶去触摸最高的游戏设备，互相喊道："快看！我可以一直碰到攀爬架的顶端！"随着越来越多的儿童参与玩竹子的游戏，教师注意到这里没有足够的空间保证每个人都能安全、自由地进行实验。因此，教师带着孩子们来到一块更大的草坪上，孩子们在那里用竹子触摸高高的树枝，说道："我们可以碰到和树一样的高度！"这些竹子像手臂一样伸展，给儿童一种高大威猛的感觉。当他们摇晃覆盖着叶子的竹茎时，叶子发出沙沙作响的声音。

教师提醒孩子们注意这个声音："当你们移动竹子的时候，我听到了一些声音，你们听到了吗？"孩子们摇晃竹子，故意发出声音。他们继续触摸他们能够到的所有高高的地方——高大的树木、树枝，以及教学楼上的二层阳台。

更大的、没有叶子的竹子激励着儿童一起合作举起和搬运竹子。他们高呼："团队合作！"一些儿童跳过地上的竹子，另一些儿童则通过把竹子抬离地面几厘米，然后跳过去来测试自己的跳跃技巧。几天后，操场就像巨人们玩搬棍子游戏的地方！当一些最小的儿童来到操场，看到乱七八糟的竹子时，他们试着在竹子间跳进跳出，看看哪些空隙适合他们。无意间，教师注意到一些竹子妨碍了儿童在操场上行走。他们和儿童一起把竹子搬到比较安全的地方。教师让儿童注意，有些竹子可以被一个人举起，而有些竹子需要两个或两个以上的儿童从一个地方搬到另一个地方，从而鼓励儿童向朋友寻求帮助。这一年中，举起一件大东西并搬运它的兴奋感从未在孩子们中消退。

当儿童探索竹子时，教师记录了儿童的谈话、行动、遇到的挑战以及解决问题的办法。同时，他们也拍了照片。教师思考自己的所见所闻，讨论如何保护儿童的安全、如何应对儿童用竹子做武器的游戏，以及他们可以添加哪些道具来拓展游戏，如轮胎、树桩、干草、空心积木和大塑料管。

当儿童游戏的时候，教师在附近停留，以便在儿童需要的时候提供帮助，同时确保每个儿童的安全。如果一个儿童想在操场上扛着一根长竹子到处走，教师就要介入，以免其他人在这个过程中被撞到。儿童自己不一定了解潜在的危险，所以教师要求他们思考如何在搬运竹子时确保彼此的安全。大家一致认为，让更多的儿童抱着竹子移动会有所帮助。教师还建议儿童向前面和后面看，看看谁可能在这条路上。有些儿童想自己扛一根长竹子，教师提醒他们在拖拉竹子的同时要注意附近的人。学习安全地运输材料是一项正在进行的工作。竹子长时间地被放在我们的操场上，使儿童学会了如何在运输大型物体的同时在空间中移动身体、顾及他人，并在需要时寻求帮助。

> 当儿童探索竹子时，教师记录了儿童的谈话、行动、遇到的挑战以及解决问题的办法。

创造与想象

儿童发现了许多使用竹子的方法。一些年幼的儿童注意到另一个班级留在地面上的平行竹子。这些年幼的儿童在室内一直为他们的火车和汽车搭建轨道,平行的竹子让他们想起了铁轨。有些儿童一边把小推车推到平行的竹子里面,一边发出"嘟嘟嘟"的声音!当教师问儿童是否想增加更多的轨道时,儿童把更多的竹子收集起来,并通过首尾相连的方式延长轨道。这些儿童的行为表明,他们对火车轨道的外观和用途有着共同的认识。教师通过观察和口头表达来支持他们的游戏:"我看到诺厄的火车沿着铁轨行进,我听到了汽笛声!还有其他人想和诺厄一起乘坐火车吗?"旁边的儿童走到"铁轨"里跟诺厄一起搭乘火车。通过引导儿童的游戏,并为当前的故事情节提出建议,教师鼓励几个儿童参与这项活动。也有儿童把"铁轨"当作道路,还有儿童在里面踩高跷。

一些儿童把有叶子的竹子带到沙池里,试图在沙子里种植一根竹子。他们一起在沙子里挖了一个洞,但是尝试了几次后,竹子都倒了。教师鼓励儿童重新思考他们的计划,教师描述了自己看到的情况,并提问:"嗯,你们一起挖了个洞,把竹子栽在里面,但是竹子总是倒下来。有人知道,怎样才能把竹子立在沙子里并让它不会再倒下来吗?"经过几次实验和交流,孩子们发现,他们必须把它种得更深一些,才能保证它立得住。"你得挖个深洞!"他们对彼此说。

教师注意到儿童挖洞时十分投入,所以鼓励他们去其他地方为更多的竹子挖更多的洞。有些儿童以前在沙地里种过塑料花,也在学校的花盆里种过真正的蔬菜;有些儿童和家人一起做过园艺。但是,竹子的枝条比他们以往使用过的枝条要大很多倍。通过对环境的特性进行调查和调整游戏来解决问题,儿童成功地实现了他们的想法。他们把自己的作品称作"美丽的森林"。教师遵从了杜威(Dewey)的理念,即"儿童的本能和力量为自己提供了材料,并为所有的教育提供了起点"(1897, p. 77)。

一天,一个孩子自发地决定把一根长长的竹子靠在操场上的一棵树上。其他的孩子也加入了他的活动,在树根周围形成了一个类似圆锥形的帐篷。这些孩子一直坚持到使用了手头所有的竹子为止。帐篷建成后,孩子们进进出出,有的儿童称其为"俱乐部"。教师注意到帐篷内的地面很潮湿,于是鼓励孩子们收集松针,把地面弄干。每个人都参与了装车和运输松针到"俱乐部"的活动。儿童还使用了原木,他们把原木滚到了合适的位置上当板凳坐。也有些儿童选择用棍子制作篝火。最后,帐篷很大,足够让多个孩子同时在里面游戏。竹帐篷反映了儿童之前用木棍搭建的建筑物。

竹子的出现存在一些潜在的风险,教师要把握好可承受的风险程度,保证儿童在安全的环境中施展技能、丰富游戏活动。教师把一些最长的竹子绑到游戏架上,以增加视觉兴趣和高度。他将其中的一根竹子紧贴在高高的滑梯上。一个儿童开始爬上竹子，一位教师迅速地走过去帮助那个儿童爬上竹子，并让他从那里爬到滑梯的较低部分，以便安全地滑下去。看到这一幕，其他儿童也跃跃欲试。但教师担心，如果没有成人的帮助，竹子可能会打滑，也可能无法支撑儿童的体重。教师没有把竹子拿走，也没有禁止儿童攀爬，而是与儿童合作，想办法使这项活动对所有想要尝试的儿童来说都尽可能地安全。教师听取了儿童的想法（"我们只上到一半，就从滑梯上滑下来"），并认为这种冒险活动是有益的。正如格雷（Gray）所说，"儿童爬上树和建筑物，爬到可怕的高度，从那里，他们可以鸟瞰世界并因'我做到了'而获得兴奋感"（2014）。然而，为了尽可能地保护儿童，教师要向儿童说明，他们只有在成人的帮助下才能进行这项活动。

> 教师要把握好可承受的风险程度，保证儿童在安全的环境中施展技能、丰富游戏活动。

丰富游戏活动与促进思维发展

在一整年中，教师都在寻找丰富儿童游戏和学习的可能性。他们还投放了材料供儿童玩竹子时使用，如纱布、干草堆等。将纱布系在竹帐篷上，使它看起来与众不同。透过纱布看去，帐篷里的儿童假装自己是怪兽，发出恐怖的声音。儿童摆弄干草堆，之后，当干草堆散开后，他们把干草铺在了帐篷的地板上。

教师还用竹子精心地制作设备来鼓励儿童的游戏。他们把一根结实的竹子包裹在一个厚重的塑料管里，竹子的两端各有一位教师，然后邀请儿童坐在竹子上轻轻弹跳。

教师观察儿童使用竹子和解决问题的方法。

- 假装用玩具电锯锯竹子，并发出锯东西的声音。
- 用两根并排的短竹子制作小望远镜。
- 用较短的竹子敲击原木（注意竹子敲击原木时发出的声音，孩子们叫道："我做了一个鼓！"）。

教师也进行评述和提问，以了解儿童在想些什么，并提出一些想法。

- 用竹签在泥土里写字，比如，"泰勒，我看到你写了你的名字！你是怎么写这些字母的？"
- 把长竹子放在儿童游戏房的屋顶上，比如，"哇！这些东西是怎么到那里的？"（随后，儿童展示了他们的能力并说道："就像这样！"）
- 从高大的树上"救出"被卡住的飞盘，比如，"我们怎样才能到达那么高的地方呢？你能想到一些可以使用的长东西吗？"

- 穿过篱笆去戳结了一层冰的水坑,比如,"你注意到了什么?"

随着秋天变成冬天,竹子开始变得不同,从绿色变为棕色。教师和儿童逐渐意识到了这种变化。教师认为,可以抓住这一机会促使儿童思考大自然随着时间推移而发生的变化及其产生的影响。他们让儿童回想竹子最初来到操场时的样子,并反思自己现在是否注意到它们有什么不同。

孩子们表达了自己的观点,比如"它们之前是绿色的""现在它们看起来是浅棕色的"。他们问教师为什么竹子会变颜色,教师鼓励他们思考可能的原因。孩子们不确定答案是什么。教师指出,竹子总是在外面,经受着暴晒、炎热、寒冷、雨雪。"你认为,这与竹子变色有关吗?"教师问道。虽然孩子们不确定答案是什么,但是他们的表情表明,他们正在思考这个问题。教师主张,对于儿童提出的问题,不要立即给出正确的答案。他们相信,只要给儿童一些时间和提示,儿童就会得出自己的答案,产生自己的理解。

与家长分享游戏和学习

在儿童进行了一个月左右的竹子探索活动后,一些家长对竹子心存疑问和担忧。他们想知道,儿童是如何使用这些材料的,以及游戏是否安全。我们意识到,家长需要我们提供信息和支持来理解我们认为玩竹子对儿童很重要的原因。

我们分享了教学记录，展示了儿童使用竹子的所有方式（参见"儿童从竹子游戏中学到了什么"），并列举了许多受到影响的儿童发展和学习领域。

- 小肌肉运动技能和大肌肉运动技能
- 社会互动和角色扮演
- 创造力和发明的能力
- 数学与科学知识
- 合作
- 词汇

儿童从竹子游戏中学到了什么

我们使用美国《康涅狄格州学前教育评估大纲》（Connecticut Preschool Assessment Framework，Connecticut State Department of Education，2008）作为评估儿童学习的一种方法。儿童关于竹子的探索与以下标准的关系如下。

个人与社会性

儿童

> 使用一系列材料展现自我主导能力

> 持续专注于任务或目标（如搭建帐篷）

> 遵守安全规则（如拿长竹子时要小心，不要撞到其他人）

> 与同伴合作、互动（如够到插在树上的飞盘）

身体

儿童

> 进行大肌肉运动（如爬竹子、举竹子）

认知

儿童

> 进行科学探究（如学习以不同的方式将竹子倚靠在树上，从而搭建一个稳定的结构）
> 使用复合句、词汇来描述想法、经历（如在晨间谈话时讨论竹子游戏）
> 采用多种策略解决问题（如请朋友帮忙搬运长长的竹子——"团队合作"）
> 比较、排序（如"那根竹子比这根长""这些有叶子，而那些没有"）

> 展示空间意识（如用长竹子伸到高处，从竹子下走过）
> 观察（如注意到竹子的颜色随时间的变化而变化）
> 参与关于竹子的谈话
> 用竹签在泥土上写下自己的名字

创造性表达

儿童

> 搭建结构以配合游戏，并表征自己的想法（如铺设火车轨道）
> 在游戏中展现自己的经验、想象力（如用竹子制造火车轨道和公路、在帐篷里制作"篝火"）
> 用棍子敲击竹子时发现了竹子的音乐特性

每天放学后，儿童都可以玩竹子，家长和儿童经常在操场上玩。为了回应家长对安全问题的担忧，我们在围栏上安装了盛放竹子的支架，并且在每天活动结束时，都会和儿童把竹子收起来。我们和家长交谈，告诉他们怎样像老师一样在孩子们使用竹子时仔细地观察和监督他们。我们给家长提供了一个选择，即他们如果不想让孩子玩竹子，就可以在放学后告诉孩子，竹子已经被收起来了。我们会在每周通讯中向家长详细地介绍儿童使用竹子的情况，也会在家长每天接送孩子的时候向他们传达有关竹子活动的各种信息。

激发新的可能性

大约在年中时，儿童对这些长竹子已经非常熟悉了，我们注意到儿童玩它们的兴趣有所减弱。为了重新激起儿童的兴趣，我们请学校的维修主管把一些竹子锯成不同的长度。他使用一把台锯，让儿童在他锯东西的时候帮忙扶住竹子。孩子们轮流当帮手。有些孩子在附近的椅子上等着，直到轮到他们。也有些孩子在锯竹子的声音响起时感到不舒服，但他们又想看看发生了什么，所以他们坐在距离锯子远一点的地方。看到一个熟悉的成人使用电动工具将竹子变成不同的东西是非常有趣的，这促使儿童就眼前发生的事情以及自己使用这些新竹子的方式发表意见。

教师发现竹子的边缘有些锋利，于是决定用砂纸来打磨它们。

他向孩子们寻求帮助，并说明了如何用小块砂纸打磨粗糙的地方。这很有趣，能够促使儿童比较竹子粗糙与光滑的表面，也促使儿童思考摩擦竹子表面导致其纹理发生了怎样的变化。

　　孩子们偶尔会像挥舞武器一样挥舞着竹子。为了鼓励孩子们以各种方式游戏，教师们集思广益，讨论了竹子的使用问题。与孩子们交流并鼓励他们寻找另一种方式玩竹子有时是成功的；当孩子们想不出新点子时，教师可以提供建议。教师可以引导儿童与朋友合作创造完全不同的东西，这可能会将游戏从使用武器转换为建构活动。有时，教师会和儿童一起努力想出安全的方法，满足儿童使用竹子作为武器的愿望，与此同时不会伤害或惊吓到其他儿童。比如，教师对一个正在挥舞竹子的孩子说："如果我们去一个更开阔的地方，就不会有人被撞到，你也可以尽情地挥舞竹子了。"教师根据儿童所处的不同情况采用不同的策略。还有些时候，我们不得不告诉儿童，他们在一天的剩余时间里都不能使用竹子。当这种情况发生时，我们请他们帮忙把竹子收起来，然后去参加其他活动。持续地实施这些方法多次避免了儿童将竹子作为武器。

　　教师会在每天的班会上跟儿童讨论竹子游戏，听一听他们

> 将竹子变成不同的东西，这促使儿童就眼前发生的事情以及自己使用这些新竹子的方式发表意见。

对当天发生的事情有什么看法。教师会和儿童一起庆祝新的发现（比如，儿童说："我们搭建了一个竹帐篷！"），也会就儿童面临的问题进行头脑风暴（比如，教师说："我们注意到地上的竹子绊倒了行人，我们能做些什么来解决这个问题呢？"）。通过听取儿童的意见并落实他们的想法，教师帮助儿童掌握了这些材料的使用方法。

竹子在我们的操场上放了整整一年，为学前儿童提供了数月的探索活动。长时间地使用竹子让儿童有机会重新审视自己的活动、再次探索、不断反思、解决问题、进行建构和获得新的发现。随着时间的流逝，由于阳光、高温、寒冷和潮湿，竹子开始分解，教师把那些看起来已经不安全的竹子拿走，将其变成旗杆绑在围栏上。在微风习习的日子里，旗杆上五颜六色的布质三角旗随风飘扬——这是竹子的另一种富有想象力的用途。

试 一 试

※ 准备充足的开放性材料（如纸箱、空塑料瓶、纸管、自然材料、不寻常的工具和容器、用于修补和建构的松散部件，以及有趣的收藏品）供儿童在游戏中探索和使用。邀请家庭提供材料。注意儿童是如何使用这些材料的。你能提出什么建议来激发儿童产生更多的想法，并帮助他们以一种新的方式看待事物？

※ 询问儿童开展活动时可能需要哪些材料。当他们游戏时，偶尔询问："你还需要什么？"随着时间的推移，调

换和添加材料可以扩展儿童的想法与兴趣。

※ 评估当前儿童游戏的复杂程度,并鼓励儿童进行更复杂的游戏。例如,添加工具、提供数码相机、推介书籍和提供照片,从而反映话题或主题。你能问些什么问题来促进更复杂的建构或富有想象力的游戏实验?

※ 你提供的材料和建议能为儿童的科学探究、数学、语言、社会性和情感发展、创造性表达、身体发展提供什么样的目标与支持呢?

第八章
有趣且丰富的游戏就是认真的学习

本章作者分享了他们一群教师的教学之旅。他们逐渐帮助这些教师认识到，给儿童提供更多的自主学习时间具有巨大的价值和意义。阅读本章时，请留意这些教师是如何提出具体的问题来吸引儿童的关注的？教师如何鼓励儿童进行同伴合作？他们如何基于班里双语学习者的经验，引入和定义新词汇的？案例中，霍尔老师决定支持儿童的兴趣，而不是继续实施她的计划，你在这种情况下会如何做决定呢？在观察、计划和引导儿童学习的过程中，为了最有效地帮助所有儿童学习，你需要记录儿童对不同类型的学习情境的反应。你该如何利用这些信息来倡导以儿童为中心的教学方法呢？

在问责制、幼儿园小学化和高利害评价盛行的时代，许多幼儿教育者不得不专注于儿童认真的学业学习，开展不适宜儿童发展的教学活动。一些教育工作者、管理人员、家长和政策制定者存在一种误解，他们认为认真的学业学习是一种狭义的定义，注重练习册和其他由教师高度主导的活动，而这些对在资源匮乏的社区中长大的儿童来说尤其必要。研究表明，提供更丰富、更全面的教育，让儿童频繁获得有意义的机会去成为自主学习者将更有益于儿童（Adair，2014；Lerkkanen et al.，2016）。在适宜的支持下，让儿童参与整合性的探索活动将有利于他们的发展。此外，让儿童沉浸在可以最大限度地运用学术词汇来建构有关周围世界知识的教育环境中是很重要的（Snow，2017）。

帮助儿童学习学术词汇至关重要。在高年级，由于缺乏词汇量和背景知识而导致的阅读理解方面的问题十分普遍（Snow & Matthews，2016）。认真的学业学习和发展适宜性实践对幼儿教育来说都是必不可少的，如果做得好，两者可以相辅相成（Brown，Feger，& Mowry，2015）。这听起来是一个大胆的主张，但是看到我们将 17 个幼儿园班级从直接教学环境转变为严肃的、发展适宜性的以儿童为中心的学习环境，也就不足为奇了。我们站在合作教师的视角，并基于所记录的正式和非正式的课堂观察数据，看到了其中的变化。本章的重点是呈现一些支持儿童语言发展和知识增长的教育实践，以及使用教学故事和教师的自我反思来为培养儿童的兴趣和组织儿童的活动提供建议。

与教师合作

我们为美国新泽西州某一城区所有幼儿园的教师制定的目标是，为所有的儿童提供适宜他们发展的学业学习。该地区中有72%的西班牙裔人口，其中81%的家庭将西班牙语作为他们的母语。该地区中有40%的18岁以下儿童生活在贫困中，学校中所有的儿童都有资格获得免费或减价的午餐（ACNJ[①]，2016）。2015年的人口普查数据显示，在该地区18—24岁的年轻人中，只有不到33%的人上过大学或完成了副学士学位[②]。

美国新泽西州立法规定，居住在该州收入最低地区的所有3—4岁儿童都可以全天享受高质量的学前教育机构的服务，因此该地区幼儿园已经收到州学前教育项目的援助资金。尽管全面的评估（Barnett et al., 2013）表明这些幼儿园的教育是有效的，但该地区强制要求的小学标准化阅读和数学测试结果仍然令人担忧。2016年，三年级学生中只有20%的学生达到英语语言艺术（English Language Arts，ELA）预期标准，只有25%的学生达到数学预期标准。这些结果远远低于达到预期标准的州内三年级学生的平均水平，即英语语言艺术为41%，数学为39%（NJ ED，

[①] 美国新泽西州儿童权益保护组织，英文为"Advocates for Children of New Jersey"。——译者注

[②] 美国四级学位系统中等级最低的一种，低于学士、硕士和博士学位，修读者一般须在社区学院或专科学院修读两年，通常无须论文考核。——译者注

2017）。这些结果明确表明：虽然高质量幼儿园具有巨大的价值，但仍有必要以学前教育的成果为基础去关注后续年级的教学质量（Stipek et al., 2017）。

作为这项工作的积极参与者，我们直接与整个学校系统的从业者接触，帮助他们将思维方式和实践转变为发展适宜性方法与学业学习二者的结合。作为前幼儿教师，我们能够利用我们的经验与专业知识来指导管理者和教师完成这种转变，而这种转变证明了教学质量的提高。

为了促进幼儿园的教学实践变革，指导教师（本章的第二作者和一名合格的前从业者）需要获得教师的信任，并履行承诺。教师们必须相信，课堂上的变革对儿童至关重要——而且是有可能实现的。和许多教师一样，这些教师也患有举措性疲劳（Reeves，2010）。可以理解的是，随着新举措的到来和结束，教师们往往会在投入每一次的新教育变革时变得矛盾。

我们的目标是支持教师克服这种疲劳，赋能他们，让他们在课堂上做出专业的决定。为了实现这一目标，两位作者与行政人员合作，以增进行政人员对最佳教学实践的理解，并修订政策，包括赋予教师可改变其实践的专业决定权。

教师们对教学变革的成功充满了渴望，他们起初只是想要一个"脚本"或一个循序渐进的"食谱"。一位教师解释说："我们之前曾尝试过一些项目，它们会告诉我们应该做什么、说什么。我认为，这就是导致我们形成'告诉我们该做什么，我们就做什么'这种心态的原因。"但我们无意提供脚本。我们的方法的核心是通过自我反思的过程来引导和促进变革。我们的干预将支持教师的教学方法和教学理解。

研究发现，幼儿教师使用的两种教学策略，即在自由游戏期间与儿童交谈时使用复杂的词汇和给予他们持续的关注，与儿童在四年级时的阅读理解能力具有密切的关系（Dickinson & Porche, 2011）。这一发现至关重要，因为阅读是儿童在学校和日常生活中学习的基础。同样重要的是教育环境，如果教师没有足够的时间和儿童在他们选定且主导的活动区中度过，那么这些教学策略将都不能实施。在这项研究的推动下，我们与教师合作的重点是帮助他们用语言拓展儿童的背景知识，并结合儿童的兴趣和需要开展严肃的、适合儿童发展的学习活动。

用语言扩展背景知识

在区域活动时间，葆拉（一名双语学习者）拿着用橡皮泥做的派走近霍尔老师，并自豪地说："看！我做了一个蛋糕，它是蓝莓味的。"霍尔老师回答说："哦，我想你做了一个派。"葆拉惊呼道："是的！"

这次交流貌似到此为止了，这时指导教师菲格拉斯-丹尼尔插了一句话："我喜欢你放在上面的这个图案，它让我想起了好吃的蓝莓派。当我像你一样还是个小姑娘的时候，我妈妈经常在夏天给我做这个。"葆拉微笑着听着。

菲格拉斯-丹尼尔接着说:"你吃过派吗?"葆拉摇了摇头,表示她没有吃过。

菲格拉斯-丹尼尔问道:"你知道你的派上面的这个叫什么吗?"

葆拉笑着回答:"线条。"

菲格拉斯-丹尼尔回答说:"是的,这些线条构成了格子。你看到它们是怎么交叉到一起的了吗?"葆拉点点头,菲格拉斯-丹尼尔接着说:"这是派的皮,它是由甜面团做成的,可以把水果馅料包在里面。当你烤它的时候,它会变得'嘎吱嘎吱'脆或变硬。"

葆拉说:"我要做更多的派。"

菲格拉斯-丹尼尔和霍尔老师跟着葆拉回到橡皮泥桌,和她一起把橡皮泥擀平,切成条状。趁着葆拉感兴趣,菲格拉斯-丹尼尔继续教她词汇,丰富她的背景知识和示范语言表达:"当你把面团顶部做成格子状时,它就会成为一个漂亮的盖子。有时,派的皮把整块派包起来,你就看不到馅了,因为它被包在里面了。"

这个案例说明了在儿童已有经验的基础上扩展对话的重要性,它表明有意义的互动可以支持儿童的口语发展。最重要的是,这个案例表明,教师必须调整教学方法,以满足教室里每个儿童的需要。对双语学习者葆拉来说,指导教师提出了更多的封闭式问题。这表明她了解葆拉的英语能力。然后,指导教师通过示范语言表达,以及有意识地用具体的词语描述儿童不熟悉的词语,帮助葆拉学习。当教师和指导教师继续与葆拉互动时,其他儿童也加入了关于烘焙的讨论。

接下来的一天,霍尔老师安排了小组活动,与儿童一起阅读佐伊·霍尔(Zoe Hall)的《苹果派树》(*The Apple Pie Tree*)。她带来了做派的材料和工具,并使用书末的食谱和儿童一起做派。霍尔老师和指导教师与儿童合作,通过测量配料和命名工具(如擀面杖、量匙和量杯),有意识地结合学科领域(这里是数学)的内容。霍尔老师用语言描述了自己的行动:"看,我用最小的量匙加了一点点泡打粉,现在我需要把面团擀平。我需要使用擀面杖。"当儿童以小组为单位自行设计格子图案时,霍尔老师谈到了其他带有格子图案的物品,比如栅栏。儿童喜欢描述他们在上学路上看到的各种栅栏。

霍尔老师有效地发起了一个儿童感兴趣的话题,并进一步促使他们使用新的词汇,学习"格子"一词的微妙用法。这种互动增加了儿童的背景知识,不仅有助于促进儿童学习词汇(Priebe, Keenan, & Miller, 2011),而且对儿童升入高年级后阅读和理解复杂的文本具有重要意义(Neuman, Kaefer, & Pinkham, 2014)。虽然有关派的烘焙活动没有出现在该地区的课程中,但从以上互动和活动中可以很明显地看出,与口语发展和数学(包括测量)

有关的学习标准得到了实现。

《共同核心州立标准》（Common Core State Standards）以及改编自它的标准都强调增加教师教授知识的教学，这并非偶然（Cervetti & Hiebert，2015）。将师幼互动（如菲格拉斯-丹尼尔与葆拉围绕橡皮泥派进行的互动）与儿童阅读文本（如霍尔老师选择了《苹果派树》）结合起来，对于构建儿童的学科知识是必要的，同时，这对双语学习者和其他在家庭中很少接触学术语言的儿童来说尤为重要。这种促进儿童读写能力发展的方法吸引了儿童的兴趣，使他们投入其中，并通过不同角色的声音和不同的场景从不同的角度体验词汇与概念（Camp，2000）。同样重要的是，利用儿童的兴趣来指导师幼互动和儿童的学习，可以让儿童感受到自己是班集体中的重要一员。

葆拉的经历证明了我们的假设，即让儿童自由地追求自己的兴趣并完善自己的想法，不仅对幼儿园来说是一种发展适宜性做法，还可以促使儿童进行认真的学业学习。利用儿童的兴趣和创作活动引入新的词汇和复杂的语言，有助于教师为儿童提供更有意义的、更有吸引力的学习体验。在儿童早期，复杂的语言技能，如正确的语法、大量确切的词语、良好的听力等，与儿童之后的阅读能力（如阅

> 让儿童自由地追求自己的兴趣并完善自己的想法，不仅对幼儿园来说是一种发展适宜性做法，还可以促使儿童进行认真的学业学习。

读理解能力）有密切的关系（NELP①，2008）。

虽然葩拉还没有学会用英语详细地描述自己制作的派，但教师们意识到了这一点，并迅速地与她互动，为她提供了丰富的词汇。这对双语学习者特别重要，与教学内容相关的结构性交谈（而不是死记硬背词语表）是至关重要的（Gillanders, Castro, & Franco, 2014）。教师应该追随儿童对某一话题的兴趣并基于他们的已有知识和经验，为他们提供丰富的学习活动。在这个案例中，将跟制作派有关的经验和词汇与儿童之前的经验和背景知识结合，有助于葩拉和同伴将新旧知识联系起来并进行深入的学习。如果儿童曾在家里制作过派，或者去面包店买过面包或生日蛋糕，那么教师可以将儿童以往的经验与新的学习联系起来。这种围绕儿童感兴趣的话题开展的讨论式学习活动，让儿童能够跨学科领域而不是孤立地学习知识和词汇。为了让活动高效，教师有必要示范并有意识地教授词语的意义，同时为儿童提供更多使用词语的机会（Takanishi & Le Menestrel, 2017）。这无法通过死记硬背来完成，例如使用抽认卡或练习册。

基于发展适宜性的学业学习

霍尔老师计划带领儿童研究房屋和建筑。为了了解儿童的

---

① 美国儿童早期读写小组，英文为"National Early Literacy Panel"。——译者注

兴趣，她从收集儿童的建议（主题网格图）开始。孩子们分享了很多想法，胡安是一名平时比较缄默的双语学习者，他提议建造一个圆顶小屋。他想在教室里建造一个圆顶小屋，作为他和同伴的读书之处。霍尔老师不知道是否要采纳这个建议，因为她的目标是让孩子们了解摩天大楼。他们的幼儿园坐落在一栋有六层楼高且装饰得很有艺术风格的银行大楼里，楼顶上有一个操场，在这里可以看到城市里的其他建筑。但是孩子们一致认为，他们想要学习有关圆顶小屋的知识，所以霍尔老师听从了孩子们的建议。

在大声朗读了几本关于圆顶小屋的书之后，霍尔老师利用"写作者工作坊"时间，让孩子们为将要建造的圆顶小屋绘制图画和撰写计划。她四处走动，评述他们的作品，并围绕作品与他们进行对话。"你想用你的画告诉我什么呢？"她问尤西弗，他画了一个螺旋形设计图。尤西弗解释说，他画的是"从上面"看到的圆顶小屋的样子。霍尔老师回答说："我明白了！这是从上面看到的圆顶小屋，就像小鸟看到的那样。"尤西弗兴奋地点点头。霍尔老师说："正因为如此，我们把这叫作'鸟瞰'。当从上面看东西时，我们说这是'鸟瞰'。它和胡安画的不一样，他画的圆顶小屋就是我们站在它前面看到的样子。"

孩子们开始用空的牛奶罐来建构圆顶小屋。霍尔注重儿童在数学和科学方面的学习，将其融入儿童的活动中，比如用圆规画出最初的圆圈，讨论可能需要的罐子数量。然而，孩子们注意到，当黏合第二排和第三排的牛奶罐时，整个结构看起来像一个圆筒，而不是一个圆顶。随后，霍尔老师组织孩子们进行了讨论，让孩子们共同解决这个问题。

达米安小声地说："从大到小。"他边说边用手比画。霍尔老师鼓励他说："告诉我们，你所说的'从大到小'是什么意思呢？"达米安用手示意圆顶的形状。"我们怎样才能让圆顶小屋的顶部变得更小呢？"霍尔老师问道。她看着一个手拿白板的儿童说："如果我们把它画出来，或许我们就知道怎样做了。"马特奥喊道："这是一个圆！"卡米拉惊叹道："这是一道彩虹！"霍尔老师笑着说："是的，它的形状像一道彩虹。"

"有人记得这个形状叫什么吗？"她停顿了一下，让儿童有时间思考，然后说："我们读过一本关于弧形的书。"

霍尔老师描述了那本书里提及的弧形。她用手比画了平面与圆形，让儿童形象地理解新词语。儿童惊叫道："它是圆的！"霍尔老师说："是的，它是圆的。确切地说，它是个半球形，就像我们把一个球切成两半一样。我们必须接着思考，弄清楚怎样把我们的圆顶小屋变成这个形状。你们认为，我们可以继续在活动区里规画圆顶小屋吗？"达米安说，他要在阅读区阅读一本关于弧形的书。

霍尔老师为儿童提供了机会，让他们参与内容丰富且有意

义的对话,这些对话引导他们自己探索并进行批判性思考。教室环境发挥了重要作用,因为它允许儿童自主寻找材料、工具、纸张、铅笔、书籍,并与同伴合作完成工作。这个圆顶小屋的建构活动显然不是一个要求儿童遵从学习活动表的"工作",它鼓励儿童自主交谈、写作、探索和解决问题。建造完成后,圆顶小屋的存在也为霍尔和儿童提供了大量使用新词语(如弧形)的自然机会。

霍尔老师与儿童之间的有意互动促进了儿童关于圆顶小屋的研究,同时又不影响儿童的自主学习和探索。教师运用有效的提问技巧,促使儿童思考各种答案和结果。通过提开放性问题和鼓励儿童进行探究,教师培养了儿童的解决问题能力和毅力。霍尔老师有意示范的语言和技能以及支持儿童进行同伴合作,均有助于促进儿童的学业学习。对儿童来说,学科知识、解决问题的能力、毅力、主动性和创造力都得到了提升。

结合多个学科领域(如数学、科学、语言艺术、视觉艺术等)的圆顶小屋建构活动,使儿童有机会进行有意义的、自我主导的、认真的学业学习。这与幼儿园教师过去所开展的典型课程不同,这是一种实践上的转变。和全国各地的教师一样,这所幼儿园的教师以前也只是按照活动安排表教授课程。相比之下,圆顶小屋建构活动需要学科领域知识和技能的交叉,而这些无法通过只关注某一技能或某一学科领域的练习册或课程来完成。

至关重要的是,虽然这些互动有时是自发的,并遵循儿童的意愿，但也都是有计划的。霍尔老师策划了与儿童兴趣相关的活动，并在区域活动时间为儿童提供了深入探索的机会。在任何时候，教师都是工程师，培养儿童的关键技能，增加儿童的词汇量，并将学习活动与学习标准挂钩，同时让儿童有机会通过游戏独立地主导自己的学习。霍尔老师从计划研究摩天大楼，到使用圆顶小屋作为学习手段，她的这种转换能力体现了教师的角色转变，即从领导者自然地转变为引导者，同时仍然是有明确的学习目标的、有目的性的教师。灵活的教学方法允许教学内容的转变，以支持儿童的兴趣，同时帮助他们达到学习标准。这种方法为儿童的学习提供了动力，让他们在班集体中表达了自己的心声。

圆顶小屋建构活动结束后，霍尔老师与指导教师一起对这项活动进行了反思。霍尔老师强调了儿童对提问和探索知识的兴趣，以及由此带来的词汇量的增加："儿童获得了更多的词汇量和提出了更多的问题，现在，如果我说一个字，至少有五六个人会问'那是什么意思？'，他们想知道更多。"她认为，儿童是积极的学习者，教师的作用在于为他们提供有意义的、适当的认真学习的机会。

> 教师都是工程师，培养儿童的关键技能，增加儿童的词汇量，并将学习活动与学习标准挂钩，同时让儿童有机会通过游戏独立地主导自己的学习。

教室里的气氛变得更好了，因为儿童在课堂上能更积极地选择学习内容，我会经常询问他们的意见，并围绕学习内容与儿童进行有意义的对话。之前，我只问只有一个正确答案的问题，但是现在我问的更多的是"为什么"和"你认为是什么"，这增加了儿童在课堂上的发言和对话次数。

结　　论

许多幼儿园教师（常常是不情愿的，有时是不自觉的）屈服于适得其反的、不切实际的幼儿园愿景，包括以考试为主的技能训练、不适当的期待和错误的教学实践。教师、管理人员、家长和政策制定者是时候拒绝这种愿景了。高质量的幼儿园已经适时地实施了平衡发展适宜性教学和儿童的学业学习之间关系的项目。抛弃说教式、控制幼儿的课程对于支持所有儿童的发展并为他们提供丰富的学习活动来说至关重要，这些活动最有可能缩小儿童之间的成绩差距。以儿童为中心的全面课程注重学术语言和学科知识的学习以及学习品质（如坚持、合作、解决问题）的培养。我们必须把钟摆调回到教师的专业判断力上，让他们能自行探寻发展适宜性方法以促进儿童的学业学习。

试 一 试

我（菲格拉斯-丹尼尔）通过介绍"格子""面包皮""面团""变脆"和"变硬"等词语回应了儿童关于橡皮泥派的问题。想象一个游戏场景，你向游戏中的儿童介绍一个或多个词语。我还把自己和母亲一起烤派的经历与儿童的活动联系起来。在教授新词语时，想一想新词语与你自己或和儿童的经历有什么特别的联系，怎样做才能丰富活动？

※ 通过观察儿童选择的书籍、描述的活动和经常谈及的话题来确定他们的兴趣。推介材料、活动和书籍，以扩展他们的知识内容，增加他们的知识量。例如：在阅读区按主题将书籍分组；在活动区放一些信息丰富的书籍，帮助儿童回答问题。

※ 提出一些引发思考的问题，如"关于你的画，你能告诉我些什么呢？""你怎样让你的圆顶小屋的顶部变得更小呢？"。"你是怎么做的？"和"你为什么认为……？"等问题有助于鼓励儿童表达他们的想法，寻找问题的解决方案。

反　　思

　　你可能只是发现了引导性游戏，并兴奋地将一些新的计划付诸行动。也许你一直在思考不同类型的游戏——自由游戏、引导性游戏和规则游戏——以及如何将它们融入你的教学。或者你可能想知道，在以儿童为中心的环境中实现学习目标是一件多么有益且切合实际的事情。也许，你已经在使用游戏化的教学方法并且已经看到了它的好处。无论你在教学之旅中处于怎样的境地，你所教育的儿童将受益于本书中呈现的观点，以及你受本书启发所使用的新的游戏活动、材料和策略。

下 一 步

当你重温每一章节时，出现在你眼前的是什么？有什么是你迫不及待想尝试的吗？当游戏化学习和引导性游戏让你所教的儿童受益匪浅时，你是否有过"顿悟时刻"？关于丰富游戏这一问题，你意识到了以前从未思考过的什么呢？

正如本书所述，引导性游戏涉及儿童的自我主导与教师有意识的支持、引导之间的平衡。本书作者已阐述了保持平衡的不同方法。你可以选择从其中的一个章节开始，实施里面的观点和策略。

首先，思考你班上儿童的能力、兴趣和努力程度。观察他们，从而更好地知道如何计划有意义的学习活动，这将帮助每个儿童与学业学习内容建立联系。

其次，观察你所在的游戏区域（包括室外环境），思考当前材料投放的意图。思考儿童的学习目标，然后在清单上面列出可以促进儿童游戏活动的书籍、材料和资源。

再次，在儿童使用当前材料时进行观察。他们最经常选择和操作的是什么？什么是他们迫不及待想要探索的？什么活动吸引了他们？他们说了或做了什么与他们生活有关的事？你能提出什么问题来挑战和引导他们的思维？游戏结束时，他们是否获得了更丰富的知识、更强的理解力和技能？你如何以不同的方式来平衡儿童主导的活动和教师引导的活动，以便支持儿童在具体领域的发展?

游戏化学习环境检查表

　　使用这个检查表评估你的空间、材料、常规和活动,注意儿童的游戏活动细节,并从儿童及其家人的视角出发看待游戏活动。

☐ 我是否足够了解和理解每个儿童,根据他们的个人能力和需求做出有意义的回应?我是否力图了解儿童的家庭,将家长当作幼儿教育的"合伙人"?

☐ 我是否为材料和活动设定了学习目标,并知道儿童的哪些领域的发展和技能将得到支持?

☐ 游戏主题、书籍、道具和其他材料以及学习活动是否支持了儿童及其家庭的语言与文化经验?

☐ 材料和对话是否增强了儿童的注意力与毅力?我是否发现了该活动增强儿童执行功能和自我调节能力的方式?

☐ 我是否注意到儿童的技能会随着时间的推移而发生变化,并不断地更新材料,从而提供越来越复杂的活动以满足他们的需求?

☐ 我是否与家长分享了我们的教育意图,并真诚地听取了他们的意见?

☐ 我是否仔细地观察并注意到自己在哪些方面做得好、哪些地方需要调整以促进儿童更多的参与?我是否提供了反馈信息或词汇来帮助儿童更深入地理解?

☐ 我是否运用了开放性问题来吸引儿童参与对话并鼓励他们思考和探索?

☐ 我是否倾听并注意了儿童的话语、他们与他人的互动和他们正在萌

> 发的技能？我是通过手记、照片、录像和儿童的作品样本来获取这些的吗？我有与儿童的家长分享儿童学习的精彩时刻吗？
> ☐ 在游戏、阅读和日常活动中，我是否以各种方式介绍和示范丰富的描述性词汇？我是否会运用一些道具，帮助儿童理解新词语的意思并在游戏中表现出来？
> ☐ 当儿童与同伴互动时，我是否鼓励灵活性、同理心、合作、协作以及问题解决能力的发展？
> ☐ 我是否与同事一起思考游戏化学习的有效性，并为积极的变革制订行动计划？
> ☐ 我是否与家长交谈，以便了解他们对儿童的期望和儿童的家庭生活经验？我是否邀请家长提供游戏点子和材料？

改编自："20 DAP Checklist Questions for Teachers，" 2016, NAEYC.

最后，看看儿童是如何相互交流的。想一想他们游戏的地方、游戏的主题和他们在一起做了什么、说了什么。你可以让他们的互动更有意义吗？你怎样才能成为温和的引导者，从而支持儿童进行更深层次、更丰富的游戏呢？在早期观察中，你有错过什么吗？你认为，还有哪些机会可以培养儿童的技能和想法？

结　　语

实施引导性游戏策略可能会改变你的班级环境，也将改变儿童参与和学习的方式。在游戏中，儿童各个方面的发展都得到了加强；他们精力充沛，注意力集中；他们学习并使用新的词汇，计划并执行自己的想法；他们变得更善于与他人相处。你会看到儿童的脸上洋溢着探索新材料的热情。你将看到他们激动地提问，并能更深刻地理解游戏有助于增强他们的技能和信心。随着儿童积极地参与学习，他们将越来越具有主动性，开始对自己的行为负责，并寻求与他人合作的机会。他们在复杂任务上停留更长的时间，接受的挑战也更加艰巨。他们的批判性思维能力也得以发展。

> 随着儿童积极地参与学习，他们将越来越具有主动性。

与儿童的家人分享你对平衡的教学方法的见解，以及它促进儿童发展的证据。

通过倡导以游戏为基础的学习，你可以帮助儿童拓展支持圈。在儿童已有经验和已具备的能力的基础上，培养他们对学习的热爱，并确保他们具有强大的社交、情感、身体、认知和语言技能，从而帮助他们在学习和生活中持续地获得成功，这是幼儿教育的目标。

献给家长——游戏和学习携手并进

孩子的在园学习时间通常是游戏时间吗？对儿童来说，游戏和学习不是相互分离的两种活动——它们有着紧密的联系。教师会结合具体的学习目标有意识地为儿童设计游戏、活动和环境。

以下内容表明，游戏将如何帮助儿童发展技能和知识，并为他们日后的学业成功奠定基础。

游戏如何帮助儿童发展技能和知识

认知技能

游戏帮助儿童发展认知技能——学习的过程就是思考的过程。这些认知技能包括记忆、解决问题、做出决定、处理信息、学习语言。儿童也学习数学、科学和社会研究领域的基本概念和技能。

- **数学**：当儿童在虚拟的杂货店购物或当收银员时，或者在积木区建构时，他们会数数（"我有3元钱"）、测量（"这座塔没有我们建的塔高"）、解决问题（"把这块大积木放在下面，这样你的塔就不会倒下来了"）。
- **科学**：当有要解决的问题时（如做个斜坡让汽车更快地下滑），儿童首先会进行预测，接下来测试自己的想法并找到解决办法，最后努力完善自己的想法。在观察种子的生长过程时，他们发展了自己的观察技能，增进了对植物生长过程的理解，还会记录自己的观察结果。

- **社会研究**：儿童通过在游戏中扮演不同的角色（如"把你的胳膊放在这里，我好拍×光片"）了解自己和周围的事物。他们制订计划并付诸行动，最后还会学以致用。

语言表达和读写技能

当儿童给毛绒玩具讲自己熟悉的故事（如"从前有三只小熊"），或为他们的餐厅制作菜单时，他们发展了基本的阅读技能、写作技能，增加了词汇量。

社交技能

在游戏中，儿童会合作、协商、解决问题和轮流活动。当意见相左时，他们学会从别人的视角考虑问题，并彼此协商（如"你和丹尼萨去修路怎么样？我要做个停车标志，然后拿着它"）。

情感能力

当儿童在游戏中假装过生日（"吹蜡烛真的让我好兴奋"）或看医生时（"我能只打一针吗？我好害怕"），他们能集中注意力、放松心情、感到成功，并表达快乐、沮丧、惊讶、生气或愉快的感觉。随着游戏时间的延长，他们的注意力持续时间也不断延长。他们在角色扮演游戏中会感到自信，认为自己很能干。

身体活动能力

在游戏中，儿童的小肌肉运动技能和大肌肉运动技能都得到了发展。他们用不同类型的积木、完整的拼图来进行建构（小肌肉运动技能）；他们在操场上奔跑、随着音乐起舞、学习跳跃（大肌肉运动技能）。

家庭游戏

玩具和游戏材料并不需要多花哨、多昂贵。你可能已经注意到，儿童可以使用任何东西作为游戏材料！他们使用物品的方式越多，就越富有想象力、创造力，游戏经验也就越丰富。

以下是一些日常用品，可以为儿童提供很多通过游戏进行学习的方式。

- **积木**：可将纸盒用作积木。
- **假装游戏的材料**：可将大纸箱（微波炉大小或者更大）用作假炉子、假摇篮或适合儿童大小的厨房用具（水槽、桌子、冰箱）。玩偶、木制汤匙和储物箱可作为额外的材料。
- **玩水玩具**：可在浴缸中投放小杯子、锅碗瓢盆、量杯、勺子、漏斗和球。
- **艺术用品**：水彩颜料、纸、蜡笔、记号笔、画笔、旧牙刷、黏土和橡皮泥等都可用来制作艺术品。

游戏中教师做什么[1]

- 观察儿童。教师应注意每个儿童知道什么、能做什么。这些信息有助于他们制订计划,以支持每个儿童的学习。
- 提出问题,鼓励儿童思考和谈论自己的想法。比如,"你想怎样用积木制作高速公路的路标?"
- 给予具体的反馈,比如,"如果你挪动椅子,你将会有更多的游戏空间。"
- 赞扬儿童的坚持和努力,而非止步于他们取得的成就。
- 创造挑战,让目标稍微超出儿童的能力范围,比如使用更多片的拼图,或者建议儿童画出他想用纸箱搭建的结构。
- 帮助儿童解决困难,比如,"你想先试试胶带还是胶水,看看哪一个能更好地把棉球粘到你的拼贴画上。"
- 记录儿童的所说和所做,以展现他们的学习和发展。

如果你想知道儿童在幼儿园的游戏中学到了什么,或者你担心儿童似乎没有很多游戏的机会,那么,请和教师谈一谈。当你与教师分享儿童的爱好和特长时,你就可以和教师一起在家里和幼儿园为儿童提供有意义的游戏和学习机会。

---

[1] 改编自《10个有效的发展适宜性教学策略》(10 Effective DAP Teaching Strategies, NAEYC)。

参 考 文 献[*]

ACNJ (Advocates for Children of New Jersey). 2016. *Healthy Food, Strong Kids: Building a Community Response to Childhood Hunger.* Newark, NJ: ACNJ.

Adair, J.K. 2014. "Agency and Expanding Capabilities in Early Grade Classrooms: What It Could Mean for Young Children." *Harvard Educational Review* 84 (2): 217–41.

Alanís, I., & M. Arreguín-Anderson. 2015. "Developing Paired Learning in Dual Language Classrooms." *Early Years: Journal of the Texas Association for the Education of Young Children* 36 (1): 24–28.

Alfieri, L., P.J. Brooks, N.J. Aldrich, & H.R. Tenenbaum. 2011. "Does Discovery-Based Instruction Enhance Learning?" *Journal of Educational Psychology* 103 (1): 1–18.

Arreguín-Anderson, M., I. Salinas-González, & I. Alanís. 2018. "Translingual Play that Promotes Cultural Connections, Invention, and Regulation: A LatCrit Perspective." *International Multilingual Research Journal* 12 (4): 273–87.

---

[*] 为了环保，也为了节省您的购书开支，本书参考文献不在此一一列出。如果您需要完整的参考文献，请通过电子邮箱 1012305542@qq.com 联系下载，或者登录 www.wqedu.com 下载。若您在下载中遇到问题，请拨打 010-65181109 咨询。

Becker, D., M. McClelland, P. Loprinzi, & S. Trost. 2014. "Physical Activity, Self-Regulation, and Early Academic Achievement in Preschool Children." *Early Education & Development* 25 (1): 56–70.

Berry III, R.Q. 2008. "Access to Upper-Level Mathematics: The Stories of Successful African American Middle School Boys." *Journal for Research in Mathematics Education* 39 (5): 464–88.

Blake, S. 2009. "Engage, Investigate, and Report: Enhancing the Curriculum with Scientific Inquiry." *Young Children* 64 (6): 49–53.

Bowman, B.T., J.P. Comer, & D.J. Johns. 2018. "Addressing the African American Achievement Gap: Three Leading Educators Issue a Call to Action." *Young Children* 73 (2): 12–21.

Bulotsky-Shearer, R., E. Bell, T. Carter, & S. Dietrich. 2014. "Peer Play Interactions and Learning for Low-Income Preschool Children: The Moderating Role of Classroom Quality." *Early Education and Development* 25 (6): 815–40.

Burgdorf, J., J. Panksepp, & J.R. Moskal. 2011. "Frequency-Modulated 50 kHz Ultrasonic Vocalizations: A Tool for Uncovering the Molecular Substrates of Positive Affect." *Neuroscience & Biobehavioral Reviews* 35 (9): 1831–36.

Camp, D. 2000. "It Takes Two: Teaching with Twin Texts of Fact and Fiction." *The Reading Teacher* 53 (5): 400–408.

编者简介

玛丽·L. 马斯特森（Marie L. Masterson）：本书前言和反思部分的撰写者。美国麦考密克早期教育领导力中心质量评估主任，同时，担任美国多所学校、早期教育机构及社会服务和育儿组织的教育顾问；在儿童行为指导、儿童早期保育与教育及高质量教学方面发表多篇文章，并有多部著作问世。

霍莉·博哈特（Holly Bohart）：本书前言的合作撰写者。美国幼儿教育协会高级图书编辑，曾任教于儿童早期教育机构教授有特殊需要的儿童。

布伦娜·哈辛格–达斯（Brenna Hassinger-Das）：本书第一章的合作撰写者。美国佩斯大学心理系助理教授，致力于研究儿童在家庭、学校和社区中的游戏与学习。

凯西·赫什–帕塞克（Kathy Hirsh-Pasek）：本书第一章的合作撰写者。美国天普大学心理学系教授、布鲁金斯学会高级研究员，致力于将研究成果应用于实践。

罗伯塔·米歇尼克·戈林科夫（Roberta Michnick Golinkoff）：本书第一章的合作撰写者。美国特拉华大学教育、心理与语言学教授，致力于研究儿童的语言发展、游戏化学习和儿童的空间能力发展，并发表了多篇文章和出版了多部著作。

帕特丽夏·麦克唐纳（Patricia McDonald）：本书第二章的撰

写者。曾是一名幼儿园教师，现为德国斯图加特一所美国学校的数学教学顾问；致力于指导 K—5 年级教师进行数学教学，倡导所有学生都有游戏的权利。

艾拉西马·萨利纳斯 – 冈萨雷斯（Irasema Salinas-Gonzalez）：本书第三章的合作撰写者。美国得克萨斯大学里奥格兰德河谷分校助理教授，主要教授儿童早期保育与教育课程；致力于研究幼儿双语学习者的游戏化学习，包括通过游戏来习得语言和读写能力以及认知技能等。

玛丽亚·G. 阿雷吉恩 – 安德森（María G. Arreguín-Anderson）：本书第三章的合作撰写者。美国得克萨斯大学圣安东尼奥分校助理教授，主要研究文化和语言因素对双语学校中母语非英语幼儿学习的影响，尤其是对他们科学学习的影响。

伊利安娜·阿拉尼斯（Iliana Alanís）：本书第三章的合作撰写者。美国得克萨斯大学圣安东尼奥分校教授，主要研究小学低年级的教学，重视双语教育对母语非英语学生的教育效果。

邦妮·里普斯坦（Bonnie Ripstein）：本书第四章的撰写者。美国普罗维登斯罗得岛大学早期教育专业助理教授，曾在罗得岛大学附属亨利·巴纳德实验幼儿园任教 14 年。

德博拉·斯蒂佩克（Deborah Stipek）：本书第五章的撰写者。美国斯坦福大学教授和教育研究生院前院长，现为儿童早期数学发展与研究网主管。

丹妮尔·B. 戴维斯（Danielle B. Davis）：本书第六章的合作

撰写者。曾为美国范德堡大学皮博迪研究所研究生助理，现为纳什维尔公立学校的幼儿教师。

戴尔·C. 法兰（Dale C. Farran）：本书第六章的合作撰写者。美国范德堡大学皮博迪研究所所长，儿童早期数学发展与研究网成员。

康迪·柯林斯·沃德（Condie Collins Ward）：本书第七章的撰写者。从事幼儿教育工作30余年，致力于儿童与自然世界的联结，现供职于美国康涅狄格州一所幼儿园，教授4岁的孩子。

香农·莱利–艾尔斯（Shannon Riley-Ayers）：本书第八章的合作撰写者。曾是美国新泽西州罗格斯大学早期教育研究所副教授，现为尼科尔森基金会高级项目官员，主要致力于改善幼儿的学习效果。

亚历山德拉·菲格拉斯–丹尼尔（Alexandra Figueras-Daniel）：本书第八章的合作撰写者。美国哥伦比亚大学教师学院语言和读写发展实验室高级研究员，主要研究改善儿童尤其是双语学习者的学习效果。

劳蕾尔·邦焦尔诺（Laurel Bongiorno）：本书最后一部分的撰写者。美国佛蒙特州查普林学院教育与人类研究系主任。